특별훈련
서술형
Writing
1

기본

How to Use This Book

영어 구문 100개로 완성하는
내신 서술형 문장 쓰기 집중 훈련

핵심구문을 토대로 시험에 출제되는 문법 개념을 이해하고, 다양한 서술형 문제 쓰기 훈련을 통해 실전에 대비합니다.

* 한눈에 쏙 들어오는 도표를 통해 핵심 구문을 쉽게 파악할 수 있습니다.

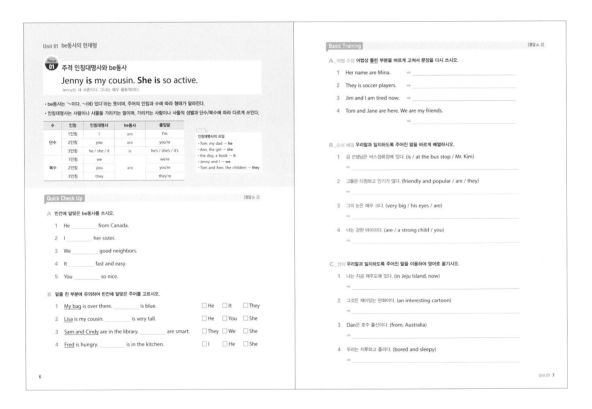

다양한 주관식/서술형 문제
간단한 문법 확인 문제와 서술형에서 자주 출제되는 어법 수정, 순서 배열, 영작, 문장 완성, 문장 전환 등의 다양한 유형별 문제로 충분한 문장 쓰기 연습을 합니다.

* **Quick Check Up** Focus에서 학습한 문법 내용을 이해했는지 확인합니다.
* **Basic Training** Focus에서 학습한 구문을 토대로 서술형 시험에 자주 출제되는 유형을 훈련합니다.

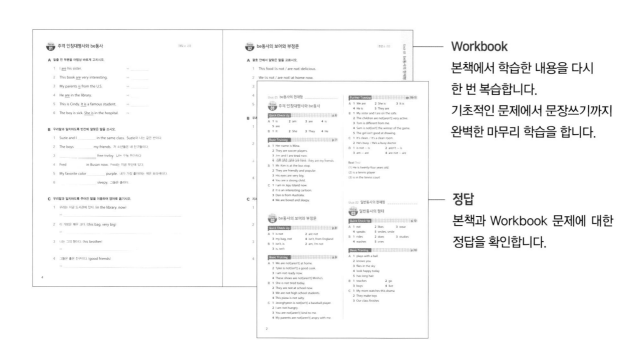

실전 대비 문제

Unit별로 학습한 내용을 종합하여 학교 시험에서 자주 나오는 유형과 서술형 신유형 문제, 조건 제시형, 단락 완성형, 그림 제시형 등의 문제를 풀어 봄으로써 실전 서술형에 대비합니다.

* **Further Training** Unit별로 학습한 내용을 종합한 서술형 문제로 훈련합니다.

* **Real Test** 서술형 시험에서 자주 출제되는 유형을 연습하면서 실전 감각을 기를 수 있습니다.

Workbook

본책에서 학습한 내용을 다시 한 번 복습합니다.
기초적인 문제에서 문장쓰기까지 완벽한 마무리 학습을 합니다.

정답

본책과 Workbook 문제에 대한 정답을 확인합니다.

Contents

p. 6	**Unit 01** be동사의 현재형	Focus **01** 주격 인칭대명사와 be동사
		Focus **02** be동사의 보어와 부정문
p. 12	**Unit 02** 일반동사의 현재형	Focus **03** 일반동사의 형태
		Focus **04** 일반동사의 부정문
p. 18	**Unit 03** 의문사 없는 의문문	Focus **05** be동사가 있는 문장의 의문문
		Focus **06** 일반동사가 있는 문장의 의문문
p. 24	**Unit 04** 의문사 있는 의문문	Focus **07** 의문사 who, what, when, where
		Focus **08** 의문사 why, how
p. 30	**Unit 05** 과거시제(be동사)	Focus **09** be동사의 과거형
		Focus **10** 부정문과 의문문
p. 36	**Unit 06** 과거시제(일반동사)	Focus **11** 일반동사의 과거형
		Focus **12** 부정문과 의문문
p. 42	**Unit 07** 진행형	Focus **13** 현재진행형
		Focus **14** 과거진행형
p. 48	**Unit 08** 미래시제	Focus **15** will
		Focus **16** be going to
p. 54	**Unit 09** 조동사	Focus **17** can, may
		Focus **18** must, have to, should
p. 60	**Unit 10** There+be동사, 감각동사	Focus **19** There+be동사
		Focus **20** 감각동사+형용사
p. 66	**Unit 11** 4형식 문장, 5형식 문장	Focus **21** 수여동사+간접목적어+직접목적어(4형식 문장)
		Focus **22** 동사+목적어+목적격보어(5형식 문장)
p. 72	**Unit 12** 명사	Focus **23** 셀 수 있는 명사
		Focus **24** 셀 수 없는 명사

p. 78	**Unit 13** 대명사	Focus **25** it의 다양한 쓰임
		Focus **26** 재귀대명사
p. 84	**Unit 14** 부정대명사, 부정형용사	Focus **27** some ~ any ..., few/little
		Focus **28** one ~ the other ..., each/every/all
p. 90	**Unit 15** 형용사, 부사	Focus **29** 형용사의 역할과 위치
		Focus **30** 부사의 역할과 위치
p. 96	**Unit 16** 비교구문	Focus **31** 비교급
		Focus **32** 최상급
p. 102	**Unit 17** to부정사 1	Focus **33** 목적어 역할을 하는 to부정사
		Focus **34** 주어와 보어 역할을 하는 to부정사
p. 108	**Unit 18** to부정사 2	Focus **35** 형용사적 용법의 to부정사
		Focus **36** 부사적 용법의 to부정사
p. 114	**Unit 19** 동명사	Focus **37** 동명사의 쓰임
		Focus **38** 동명사 vs. to부정사
p. 120	**Unit 20** 문장의 종류 1	Focus **39** 감탄문
		Focus **40** 명령문, Let's ~
p. 126	**Unit 21** 문장의 종류 2	Focus **41** 부가의문문
		Focus **42** 간접의문문
p. 132	**Unit 22** 접속사 1	Focus **43** 등위접속사
		Focus **44** 상관접속사
p. 138	**Unit 23** 접속사 2	Focus **45** 명사절을 이끄는 접속사 that
		Focus **46** 명사절을 이끄는 접속사 if, whether
p. 144	**Unit 24** 접속사 3	Focus **47** 부사절을 이끄는 접속사(시간)
		Focus **48** 부사절을 이끄는 접속사(이유, 조건)
p. 150	**Unit 25** 전치사	Focus **49** 시간을 나타내는 전치사
		Focus **50** 장소, 위치를 나타내는 전치사

Focus 01 주격 인칭대명사와 be동사

Jenny **is** my cousin. **She is** so active.
Jenny는 내 사촌이다. 그녀는 매우 활동적이다.

- be동사는 '~이다, ~(에) 있다'라는 뜻이며, 주어의 인칭과 수에 따라 형태가 달라진다.
- 인칭대명사는 사람이나 사물을 가리키는 말이며, 가리키는 사람이나 사물의 성별과 단수/복수에 따라 다르게 쓰인다.

수	인칭	인칭대명사	be동사	줄임말
단수	1인칭	I	am	I'm
	2인칭	you	are	you're
	3인칭	he / she / it	is	he's / she's / it's
복수	1인칭	we	are	we're
	2인칭	you		you're
	3인칭	they		they're

Note
인칭대명사의 쓰임
- Tom, my dad → **he**
- Ann, the girl → **she**
- the dog, a book → **it**
- Jenny and I → **we**
- Tom and Ann, the children → **they**

Quick Check Up

[정답 p. 2]

A 빈칸에 알맞은 be동사를 쓰시오.

1 He _____ from Canada.

2 I _____ her sister.

3 We _____ good neighbors.

4 It _____ fast and easy.

5 You _____ so nice.

B 밑줄 친 부분에 유의하여 빈칸에 알맞은 주어를 고르시오.

1 <u>My bag</u> is over there. _____ is blue.　　　　☐ He　☐ It　☐ They

2 <u>Lisa</u> is my cousin. _____ is very tall.　　　　☐ He　☐ You　☐ She

3 <u>Sam and Cindy</u> are in the library. _____ are smart.　　☐ They　☐ We　☐ She

4 <u>Fred</u> is hungry. _____ is in the kitchen.　　　　☐ I　☐ He　☐ She

A_어법 수정 어법상 <u>틀린</u> 부분을 바르게 고쳐서 문장을 다시 쓰시오.

1 Her name are Mina.   ➡ _____

2 They is soccer players.   ➡ _____

3 Jim and I am tired now.   ➡ _____

4 Tom and Jane are here. We are my friends.

➡ _____

B_순서 배열 우리말과 일치하도록 주어진 말을 바르게 배열하시오.

1 김 선생님은 버스정류장에 있다. (is / at the bus stop / Mr. Kim)

➡ _____

2 그들은 다정하고 인기가 많다. (friendly and popular / are / they)

➡ _____

3 그의 눈은 매우 크다. (very big / his eyes / are)

➡ _____

4 너는 강한 아이이다. (are / a strong child / you)

➡ _____

C_영작 우리말과 일치하도록 주어진 말을 이용하여 영어로 옮기시오.

1 나는 지금 제주도에 있다. (in Jeju Island, now)

➡ _____

2 그것은 재미있는 만화이다. (an interesting cartoon)

➡ _____

3 Dan은 호주 출신이다. (from, Australia)

➡ _____

4 우리는 지루하고 졸리다. (bored and sleepy)

➡ _____

be동사의 보어와 부정문

Dan and I **aren't in the restaurant** now.

Dan과 나는 지금 식당에 없다.

- be동사는 〈주어 + 동사 + 보어〉의 형태로 쓰이며, 보어로 명사, 형용사, 전치사구가 올 수 있다.
  e.g. My dad is **a teacher**. (명사_나의 아빠는 교사이시다.) / Mike is **tall**. (형용사_Mike는 키가 크다.)
- be동사의 부정문은 〈be동사 + not〉의 형태로 쓰고 줄여 쓸 수 있지만, am not은 줄여 쓰지 않는다.

수	인칭	인칭대명사	be동사	줄임말
단수	1인칭	I	am not	I'm not
	2인칭	you	are not	you're not / you aren't
	3인칭	he / she / it	is not	he's not / she's not / it's not he isn't / she isn't / it isn't
복수	1인칭	we	are not	we're not / we aren't
	2인칭	you		you're not / you aren't
	3인칭	they		they're not / they aren't

Quick Check Up

[정답 p. 2]

A 괄호 안에서 알맞은 말을 고르시오.

1 Mr. Johnson (is not / are not) in the gym.

2 Fred and I (am not / are not) free today.

3 This is (my bag / in my bag). It's (isn't / not) heavy.

4 Sally (isn't / aren't) American. She is (England / from England).

B 우리말과 일치하도록 빈칸에 알맞은 be동사를 쓰시오. (not이 필요하면 줄임말로 쓸 것)

1 Mia는 피아니스트가 아니다. 그녀는 바이올리니스트이다.

⇒ Mia _____ a pianist. She _____ a violinist.

2 나는 그녀의 엄마이다. 나는 그녀의 고모가 아니다.

⇒ I _____ her mom. _____ _____ her aunt.

3 내 가방이 탁자 위에 있다. 그것은 무겁지 않다.

⇒ My bag _____ on the table. It _____ heavy.

A_문장 전환 다음 문장을 부정문으로 바꿔 쓰시오.

1 We are at home. ⇒ _____

2 Tyler is a good cook. ⇒ _____

3 I am ready now. ⇒ _____

4 These shoes are Minho's. ⇒ _____

B_순서 배열 우리말과 일치하도록 주어진 말을 바르게 배열하시오.

1 그녀는 오늘 피곤하지 않다. (is / today / she / tired / not)

⇒ _____

2 그들은 지금 학교에 없다. (at school / they / not / now / are)

⇒ _____

3 우리는 고등학생이 아니다. (not / we / high school students / are)

⇒ _____

4 이 피자는 짜지 않다. (salty / is / this pizza / not)

⇒ _____

C_영작 우리말과 일치하도록 주어진 말을 이용하여 영어로 옮기시오.

1 정현은 야구선수가 아니다. (Jeonghyeon, a baseball player)

⇒ _____

2 나는 배가 고프지 않다. (hungry)

⇒ _____

3 너는 나에게 친절하지 않다. (kind, to me)

⇒ _____

4 나의 부모님은 내게 화가 나신 게 아니다. (angry, with me)

⇒ _____

A 우리말과 일치하도록 문장의 빈칸을 완성하시오.

1 민서와 나는 같은 반이다. 우리는 친구이다.

➡ Minseo and I are in the same class. ＿＿＿＿＿ ＿＿＿＿＿ friends.

2 John의 엄마는 간호사이다. 그분은 매우 친절하시다.

➡ John's mother is a nurse. ＿＿＿＿＿ ＿＿＿＿＿ very kind.

3 이 스웨터는 진희의 것이다. 그것은 비싸다.

➡ This sweater is Jinhee's. ＿＿＿＿＿ ＿＿＿＿＿ expensive.

4 Green 씨는 매우 아프다. 그는 지금 병원에 있다.

➡ Mr. Green is very sick. ＿＿＿＿＿ ＿＿＿＿＿ in the hospital.

5 그의 사촌들은 다정하다. 그들은 독일 출신이다.

➡ His cousins are friendly. ＿＿＿＿＿ ＿＿＿＿＿ from Germany.

빈출 유형

B 밑줄 친 부분을 지시에 맞게 바꿔 문장을 다시 쓰시오.

1 <u>My dad</u> is on the sofa. (My sister and I로)

➡ ＿＿＿＿＿＿＿＿＿＿＿＿＿＿＿＿＿＿＿＿＿＿＿＿＿＿＿＿＿＿

2 The children <u>are</u> very active. (부정문으로)

➡ ＿＿＿＿＿＿＿＿＿＿＿＿＿＿＿＿＿＿＿＿＿＿＿＿＿＿＿＿＿＿

3 <u>They</u> are different from me. (Tom으로)

➡ ＿＿＿＿＿＿＿＿＿＿＿＿＿＿＿＿＿＿＿＿＿＿＿＿＿＿＿＿＿＿

4 Sam <u>is</u> the winner of the game. (부정문으로)

➡ ＿＿＿＿＿＿＿＿＿＿＿＿＿＿＿＿＿＿＿＿＿＿＿＿＿＿＿＿＿＿

5 The girl <u>is not</u> good at drawing. (줄임말로)

➡ ＿＿＿＿＿＿＿＿＿＿＿＿＿＿＿＿＿＿＿＿＿＿＿＿＿＿＿＿＿＿

C 그림과 일치하도록 be동사와 주어진 표현을 이용하여 문장을 쓰시오 .

> **보기**
>
> smart
>
> This is my cat. It's smart.
> It's a smart cat.

1

clean

This is my room. _____

_____

2

busy

James is a doctor. _____

_____

D 다음 Ashley를 소개하는 글 중 우리말과 <u>다른</u> 부분 네 군데를 찾아 바르게 고치시오.

> This is Ashley. She is not from France. She is not in France now. She aren't
> in Seoul. She and I am neighbors. We are not good friends.
>
> (이 사람은 Ashley이다. 그녀는 프랑스 출신이다. 지금 그녀는 프랑스에 없다. 그녀는 서울에
> 있다. 그녀는 나의 이웃이다. 우리는 좋은 친구이다.)

1 _____ ⇒ _____   2 _____ ⇒ _____

3 _____ ⇒ _____   4 _____ ⇒ _____

Real Test

주어진 정보를 활용하여 Henry를 소개하는 글을 완성하시오.

Name: Henry
Age: (1) 24
Job: (2) tennis player
Now: (3) in the tennis court

This is Henry. (1) _____

(2) He _____ .

(3) He _____ now. He is very active.

Focus 03 일반동사의 형태

Sora **wants** some water.

소라는 약간의 물을 원한다.

- 일반동사는 주어가 행하는 동작이나 상태를 나타낸다.
- 주어가 he, she, it, 단수명사 등 3인칭 단수 주어일 때 일반동사의 끝에 -s나 -es를 붙인다.

대부분의 동사	동사원형 + -s	know → knows, like → likes, want → wants
-o, -(s)s, -ch, -sh, -x로 끝나는 동사	동사원형 + -es	go → goes, do → does, pass → passes, catch → catches, wash → washes, fix → fixes
〈자음 + y〉로 끝나는 동사	y → i + -es	fly → flies, study → studies, cry → cries
〈모음 + y〉로 끝나는 동사	동사원형 + -s	play → plays, buy → buys, say → says
불규칙 동사	have → has	

Quick Check Up

[정답 p. 2]

A 괄호 안에서 알맞은 말을 고르시오.

1 Mom and Dad (eat / eats) breakfast at 8 a.m.

2 The boy (like / likes) cheese and chocolate.

3 They (wear / wears) school uniforms.

4 Yuna (speak / speaks) three languages.

5 He (smile / smiles). I (smile / smiles), too.

B 주어진 말을 빈칸에 알맞은 형태로 바꿔 쓰시오.

1 She _____ her bike at the park. (ride)

2 Fred _____ his homework after dinner. (do)

3 Minho _____ English and math. (study)

4 He _____ his hair every morning. (wash)

5 My little sister _____ every night. (cry)

A _ 문장 전환 밑줄 친 부분을 주어진 말로 시작하는 문장으로 바꿔 쓰시오.

1 <u>My dogs</u> play with a ball. ⇒ My dog _____ .

2 <u>Dan and Fred</u> know you. ⇒ Fred _____ .

3 <u>Many birds</u> fly in the sky. ⇒ A bird _____ .

4 <u>You</u> look happy today. ⇒ They _____ .

5 <u>I</u> have long hair. ⇒ Sue _____ .

B _ 문장 완성 우리말과 일치하도록 빈칸에 알맞은 말을 보기 에서 골라 알맞은 형태로 바꿔 쓰시오.

> 보기   live   teach   buy   go

1 이 선생님은 과학을 가르치신다.

⇒ Ms. Lee _____ science.

2 Sue와 나는 버스를 타고 학교에 간다.

⇒ Sue and I _____ to school by bus.

3 Sam은 항상 아이스크림을 산다.

⇒ Sam _____ an ice cream all the time.

4 나의 조부모님은 대전에 사신다.

⇒ My grandparents _____ in Daejeon.

C _ 영작 우리말과 일치하도록 주어진 말을 이용하여 영어로 옮기시오.

1 나의 엄마는 주말마다 이 드라마를 보신다. (watch, this drama)

⇒ _____ every weekend.

2 그들은 아이들을 위한 장난감을 만든다. (make, toys)

⇒ _____ for kids.

3 우리 수업은 4시에 끝난다. (our class, finish)

⇒ _____ at 4 o'clock.

04 일반동사의 부정문

Fred **doesn't like** apple juice.

Fred는 사과 주스를 좋아하지 않는다.

• 일반동사의 부정문은 주어에 따라 〈do not + 동사원형〉이나 〈does not + 동사원형〉으로 나타낸다. do not은 don't로, does not은 doesn't로 줄여 쓸 수 있다.

인칭		일반동사의 부정문
1, 2인칭	I / we / you	do not[don't] + 동사원형
3인칭	he / she / it	does not[doesn't] + 동사원형
	they	do not[don't] + 동사원형

Quick Check Up

[정답 p. 3]

A 괄호 안에서 알맞은 말을 고르시오.

1 I (do not / does not) eat vegetables.

2 The farmer (do not / does not) grow corn.

3 My brother (do not / does not) dance well.

4 Her friends (do not / does not) like movies.

5 The museum (do not / does not) open today.

B 다음 문장을 부정문으로 바꿔 쓸 때 빈칸에 알맞은 말을 쓰시오.

1 We wear glasses. ⇒ We _____ _____ glasses.

2 You play tennis with Tim. ⇒ You _____ _____ tennis with Tim.

3 Peter takes piano lessons. ⇒ Peter _____ _____ piano lessons.

4 The kid knows your name. ⇒ The kid _____ _____ your name.

5 They drink milk. ⇒ They _____ _____ milk.

A_어법 수정 어법상 <u>틀린</u> 부분을 바르게 고쳐서 문장을 다시 쓰시오. (단, 부정문으로 고칠 것)

1 Sam and I doesn't eat lunch together. ➡ _____

2 Your mom doesn't plays tennis. ➡ _____

3 These dogs don't has tails. ➡ _____

4 Ann don't help her mom. ➡ _____

B_순서 배열 우리말과 일치하도록 주어진 말을 바르게 배열하시오.

1 Gina는 일요일에 공부하지 않는다. (on Sundays / study / Gina / not / does)

➡ _____

2 내 조부모님은 늦게 주무시지 않는다. (not / go / to bed / late / my grandparents / do)

➡ _____

3 그 아이는 밤 9시 이후에 외출하지 않는다. (after 9 p.m. / does / the child / go out / not)

➡ _____

4 Jim과 Fred는 한국어를 배우지 않는다. (Jim and Fred / learn / not / Korean / do)

➡ _____

C_영작 우리말과 일치하도록 주어진 말을 이용하여 영어로 옮기시오.

1 나는 아침 일찍 일어나지 않는다. (get up, early)

➡ _____ in the morning.

2 나의 개는 내 방에서 자지 않는다. (my dog, sleep)

➡ _____ in my room.

3 너는 그의 이메일 주소를 모른다. (know, his email address)

➡ _____

4 그는 은행에서 일하지 않는다. (work, at a bank)

➡ _____

A 우리말과 일치하도록 주어진 말을 바르게 배열하시오.

1 소라는 혼자 공부하지 않는다. 그녀는 나와 함께 공부한다.

➡ Sora _____ study alone. She _____ with me.

2 나는 강아지를 원하지 않는다. 나는 고양이를 원한다.

➡ I _____ want a dog. I _____ a cat.

3 민호는 버스를 타고 학교에 가지 않는다. 그는 자전거를 타고 학교에 간다.

➡ Minho _____ go to school by bus. He _____ to school by bike.

4 Dan은 공포영화를 좋아하지 않는다. 나도 역시 그것을 좋아하지 않는다.

➡ Dan _____ like horror movies. I _____ like them, either.

5 Sally는 곱슬머리가 아니지만, 그녀의 여동생은 곱슬머리이다.

➡ Sally _____ have curly hair, but her sister _____ curly hair.

신유형

B 괄호 안에서 알맞은 것을 고른 후 문장을 다시 쓰시오.

1 Ms. Tyler (isn't / doesn't) Korean, but she (speak / speaks) Korean well.

➡ _____

2 We (aren't / don't) do our homework after dinner. We (are / do) it before dinner.

➡ _____

3 The woman (isn't / doesn't) drive fast. She (is / does) a good driver.

➡ _____

4 Lisa and I (are / live) next door to each other, but we (aren't / don't) see each other often.

➡ _____

5 They (aren't / don't) answer the phone after 6 p.m. The office (is / does) closed.

➡ _____

C Ben의 오전 일과표를 보고 문장을 완성하시오.

Time	To do
7:30	get up
8:00	have breakfast
10:00	walk his dog in the park
12:00	go to the library

1 Ben _____ at 7:30 in the morning.

2 Ben _____ at 8 o'clock.

3 Ben _____ at 10 o'clock.

4 Ben _____ at 12 o'clock.

D ①~⑤ 중 어법상 틀린 부분을 찾아 바르게 고친 후, 그 이유를 쓰시오.

> Daniel ①learns Spanish. He ②doesn't take lessons every day, but he
> ③studies Spanish all the time. He ④watch Spanish dramas and movies.
> Spanish ⑤isn't easy, but it's very interesting to him.

틀린 부분: (　　) _____ ➡ _____

이유: _____

Real Test

주어진 정보를 활용하여 미나를 소개하는 글을 완성하시오.

사는 곳: Seoul
형제자매: one sister
좋아하는 과목: history
싫어하는 과목: math
취미: ride her bike

This is my friend Mina. She _____ in Seoul. She _____
one sister. She _____ history, but she _____.
She _____ in the park after school.

Focus
05 be동사가 있는 문장의 의문문

Is the boy your cousin?

그 소년이 너의 사촌이니?

• be동사의 의문문은 〈Be동사 + 주어 ~?〉의 형태로 쓰고, 이에 대한 대답은 〈Yes, 주어 + be동사.〉나 〈No, 주어 + be동사 + not.〉으로 한다.

수	인칭	의문문	긍정 대답	부정 대답
단수	1인칭	Am I ~?	Yes, you are.	No, you aren't.
	2인칭	Are you ~?	Yes, I am.	No, I'm not.
	3인칭	Is he / she / it ~?	Yes, he / she / it is.	No, he / she / it isn't.
복수	1, 2, 3인칭	Are you / we / they ~?	Yes, we / they are.	No, we / they aren't.

Quick Check Up

[정답 p. 3]

A 다음 문장을 의문문으로 고쳐 쓰시오.

1 Lisa is his sister. ➡ _____

2 Fred is from France. ➡ _____

3 You are hungry. ➡ _____

4 The dog is on the sofa. ➡ _____

5 They are baseball players. ➡ _____

B 다음 의문문에 대한 알맞은 대답을 완성하시오.

1 A: Are you Ms. Brown?　　B: Yes, _____ _____.

2 A: Are the boys twins?　　B: No, _____ _____.

3 A: Is Mina your classmate?　　B: Yes, _____ _____.

4 A: Is the game exciting?　　B: Yes, _____ _____.

5 A: Is Andy in the library?　　B: No, _____ _____.

A _ 문장 완성 대화가 자연스럽도록 빈칸에 알맞은 말을 쓰시오.

1 A: _____ your dad a firefighter?

   B: Yes, _____ _____.

2 A: _____ Mina and Sujin good at math?

   B: Yes, _____ _____.

3 A: _____ you at home now?

   B: No, _____ _____.

4 A: _____ the shoes expensive?

   B: No, _____ _____.

B _ 순서 배열 우리말과 일치하도록 주어진 말을 바르게 배열하시오.

1 그 배우는 아시아에서 유명하니? (the actor / in Asia / is / famous)

   ➡ _____

2 너의 여동생은 너에게 친절하니? (to you / is / kind / your sister)

   ➡ _____

3 그 선수들은 같은 팀이니? (the players / on the same team / are)

   ➡ _____

C _ 영작 우리말과 일치하도록 주어진 말을 이용하여 영어로 옮기시오.

1 그 케이크는 맛있니? (the cake, delicious)

   ➡ _____

2 너의 사촌들은 미국에 있니? (your cousins, in America)

   ➡ _____

3 그 가수들은 학생이니? (the singers, students)

   ➡ _____

Focus 06 일반동사가 있는 문장의 의문문

Does he like pizza?

그는 피자를 좋아하니?

• 일반동사의 의문문은 주어에 따라 〈Do + 주어 + 동사원형 ~?〉이나 〈Does + 주어 + 동사원형 ~?〉의 형태로 쓰고, 이에 대한 대답은 〈Yes, 주어 + do/does.〉나 〈No, 주어 + do/does + not.〉으로 한다.

수	인칭	의문문	긍정 대답	부정 대답
단수	1인칭	Do I + 동사원형 ~?	Yes, you do.	No, you don't.
	2인칭	Do you + 동사원형 ~?	Yes, I do.	No, I don't.
	3인칭	Does he / she / it + 동사원형 ~?	Yes, he / she / it does.	No, he / she / it doesn't.
복수	1, 2, 3인칭	Do you / we / they + 동사원형 ~?	Yes, we / they do.	No, we / they don't.

Quick Check Up
[정답 p. 3]

A 다음 문장을 의문문으로 바꿔 쓰시오.

1 You get up early. ⟹ _____

2 Mr. Jackson teaches English. ⟹ _____

3 They like mobile games. ⟹ _____

4 She knows your phone number. ⟹ _____

5 The singer writes his songs? ⟹ _____

B 다음 의문문에 대한 알맞은 대답을 완성하시오.

1 A: Does Lisa take this class? B: Yes, _____ _____.

2 A: Do you have breakfast every day? B: No, _____ _____.

3 A: Does the summer vacation start in July? B: Yes, _____ _____.

4 A: Does Fred want a new laptop? B: No, _____ _____.

5 A: Do Jessica and Ann live next door to you? B: No, _____ _____.

A_문장 완성 대화가 자연스럽도록 빈칸에 알맞은 말을 쓰시오.

1 A: _____ Sam like vegetables?

B: Yes, _____ _____.

2 A: _____ you have a nickname?

B: No, _____ _____.

3 A: _____ Lisa have long hair?

B: No, _____ _____.

4 A: _____ the plants grow well indoors?

B: Yes, _____ _____.

B_순서 배열 우리말과 일치하도록 주어진 말을 바르게 배열하시오.

1 너는 엄마를 도와 드리니? (you / help / do / your mom)

➡ _____

2 도서관은 월요일에 여니? (on Monday / the library / open / does)

➡ _____

3 Jim과 Greg는 스페인어를 배우니? (Spanish / do / learn / Jim and Greg)

➡ _____

4 그들은 매일 신문을 읽니? (read / they / newspapers / every day / do)

➡ _____

C_영작 우리말과 일치하도록 주어진 말을 이용하여 영어로 옮기시오.

1 너는 이 드라마를 보니? (watch, this drama)

➡ _____

2 Andy는 매일 여기서 점심을 먹니? (have lunch, here, every day)

➡ _____

3 너의 남동생은 보통 집에 일찍 오니? (usually, come home, early)

➡ _____

A 대화의 빈칸에 알맞은 말을 쓰시오.

1 A: _____ Suji study with Jim every day?

B: _____, _____ _____. She studies alone.

2 A: _____ you want a dog?

B: _____, _____ _____. I really love dogs.

3 A: _____ you and your friends on the first floor?

B: _____, _____ _____. We are on the fourth floor.

4 A: Dan, _____ you the winner of the game?

B: _____, _____ _____. Fred is the winner of the game.

5 A: _____ the bike have gears?

B: _____, _____ _____. It has three gears.

빈출 유형

B 어법상 <u>틀린</u> 부분을 바르게 고쳐서 문장을 다시 쓰시오.

1 Do James sing and play the guitar?

➡ _____

2 Is the girl want a piece of cake?

➡ _____

3 Does her favorite food beef steak?

➡ _____

4 Do your parents worries about you all the time?

➡ _____

5 Are they meet each other on Sundays?

➡ _____

C 그림을 보고 주어진 말을 사용하여 대화를 완성하시오.

1

A: _____ (the dog, white)

B: Yes, it is.

A: _____ (it, have, long ears)

B: No, it doesn't.

2

A: _____ (the boy, like, swimming)

B: Yes, he does.

A: _____ (he, at the zoo)

B: No, he isn't.

Real Test

미나와 호진이의 취미생활을 나타낸 표를 보고 대화를 완성하시오.

	watch movies	read books	play badminton	collect stamps
Mina	○	×	○	×
Hojin	×	○	○	×

A: Does Mina watch movies?

B: (1) _____ , _____ _____ .

A: How about Hojin?

B: (2) He _____ _____ movies.

A: Does Mina read books?

B: (3) _____ , _____ _____ .

A: (4) _____ Hojin _____ books?

B: (5) _____ , _____ _____ .

A: Do Mina and Hojin play badminton?

B: (6) _____ , _____ _____ .

A: Do Mina and Hojin collect stamps?

B: (7) _____ , _____ _____ .

Focus 07 의문사 who, what, when, where

Who is the girl over there?
저쪽의 그 소녀는 누구니?

- 〈의문사 + be동사 + 주어 ~?〉나 〈의문사 + do/does + 주어 + 동사 원형 ~?〉의 형태로 쓰며, 이에 대한 대답은 Yes나 No로 하지 않는다.
- who나 what이 의문문의 주어로 쓰이면 〈의문사 + 동사 ~?〉의 형태가 된다. 주어로 쓰인 의문사는 3인칭 단수 취급하여 단수 동사가 온다.
  e.g. **Who wants** to go there? (누가 거기에 가고 싶어 하니?)
- what은 〈what + 명사〉의 형태로 쓰이면 '어떤 ~, 무슨 ~'의 뜻이다.
  e.g. **What color** do you like? (너는 무슨 색을 좋아하니?)

의문사	의미
who	누가, 누구를
what	무엇이, 무엇을
what + 명사	어떤, 무슨 ~
when	언제
where	어디

Quick Check Up [정답 p. 4]

A 우리말과 일치하도록 괄호 안에서 알맞은 의문사를 고르시오.

1 안경을 쓴 소년은 누구니?
   ➡ (Who / What) is the boy with glasses?

2 너는 언제 아침을 먹니?
   ➡ (What / When) do you have breakfast?

3 그들은 지금 어디에 있니?
   ➡ (When / Where) are they now?

4 너는 무슨 과목을 제일 좋아하니?
   ➡ (When / What) subject do you like best?

B 다음 질문에 대한 알맞은 대답을 찾아 연결하시오.

1 Who wants cheesecake for dessert? •   • a. He is a computer programmer.

2 When is the school festival? •   • b. They are in the kitchen.

3 What does Mr. Lee do? •   • c. It's on October 9th.

4 Where are your parents? •   • d. Daniel does.

[정답 p. 4]

A _ 문장 완성 다음 대화에서 밑줄 친 부분을 묻는 질문을 쓰시오.

1 A: _____

   B: The concert begins <u>at 7 p.m.</u>

2 A: _____

   B: <u>The poverty in the world</u> makes me angry.

3 A: _____

   B: I like <u>Daniel</u> most in my class.

4 A: _____

   B: I play basketball <u>in the park</u>.

B _ 순서 배열 우리말과 일치하도록 주어진 말을 바르게 배열하시오.

1 누가 자전거로 학교에 등교하니? (by bike / goes / who / to school)

   ➡ _____

2 너는 무슨 영화를 좋아하니? (movies / do / what / like / you)

   ➡ _____

3 Peter는 어디서 점심을 먹니? (does / eat / Peter / where / lunch)

   ➡ _____

C _ 영작 우리말과 일치하도록 주어진 말을 이용하여 영어로 옮기시오.

1 누가 너의 수학 선생님이니? (your math teacher)

   ➡ _____

2 너는 아침에 언제 일어나니? (get up, in the morning)

   ➡ _____

3 그들은 주말마다 무엇을 하니? (do, every weekend)

   ➡ _____

의문사 why, how

How often do you exercise?
너는 얼마나 자주 운동을 하니?

• why는 이유를 물을 때, how는 상태나 방법을 물을 때 쓰인다.
• how가 〈how + 형용사/부사〉의 형태로 쓰이면 '얼마나 ~한/하게'라는 의미로 나이, 키, 길이, 기간, 수량, 거리, 빈도 등을 물을 때 쓰인다.

의문사	의미
why	왜
how	어떤(상태), 어떻게(방법)
how + 형용사/부사	얼마나 ~한/하게

Note
• how old (나이)   • how tall (키)
• how long (길이, 기간)   • how far (거리)
• how often (빈도)
• how much + 셀 수 없는 명사(양)
• how many + 셀 수 있는 명사(수)

Quick Check Up

[정답 p. 4]

A 괄호 안에서 알맞은 말을 고르시오.

1   (Why / How) are you late for the class?

2   (Why / How) is the weather today?

3   (How many / How much) money do you have?

4   (How many / How much) classes do you take?

5   (How old / How often) are you?

B 다음 질문에 대한 알맞은 대답을 찾아 연결하시오.

1   How much is it?   •   • a. It's 660m.

2   Why does he want a new bike? •   • b. Because his bike is very old.

3   How tall is Lisa?   •   • c. She is 150cm.

4   How long is the bridge?   •   • d. I exercise every day.

5   How often do you exercise?   •   • e. It's 20 dollars.

A _ 문장 완성 다음 대화에서 밑줄 친 부분을 묻는 질문을 쓰시오.

1 A: _____

B: I go to school <u>by bus</u>.

2 A: _____

B: I like you <u>because you are so kind</u>.

3 A: _____

B: I play soccer <u>once a week</u>.

4 A: _____

B: My grandmother is <u>70 years old</u>.

B _ 순서 배열 우리말과 일치하도록 주어진 말을 바르게 배열하시오.

1 왜 너의 엄마는 화가 나셨니? (angry / why / your mom / is)

➡ _____

2 여기서 화장실까지 거리가 얼마나 되니? (from here / far / the restroom / is / how)

➡ _____

3 그들은 왜 열심히 일하니? (work / do / hard / they / why)

➡ _____

C _ 영작 우리말과 일치하도록 주어진 말을 이용하여 영어로 옮기시오.

1 나의 개는 왜 풀을 먹을까요? (my dog, eat, grass)

➡ _____

2 오늘은 날씨가 어떻니? (the weather, today)

➡ _____

3 그는 누나가 몇 명이니? (sisters, have)

➡ _____

A 우리말과 일치하도록 다음 대화의 질문을 쓰시오.

1   A: _____   (너의 생일은 언제니?)

   B: It's December 10th.

2   A: _____   (그 키 큰 남자는 누구니?)

   B: He is my homeroom teacher.

3   A: _____   (그들은 아침으로 어떤 음식을 먹나요?)

   B: They have cereal with milk for breakfast.

4   A: _____   (Linda는 왜 한국 음식을 좋아하니?)

   B: Because Korean food is healthy.

5   A: _____   (Fred는 어디에 사니?)

   B: He lives in Busan.

B 어법상 틀린 부분을 바르게 고쳐서 문장을 다시 쓰시오.

1   Who want an ice cream?

   ➡ _____

2   What do your brother study at university?

   ➡ _____

3   How many time do you have now?

   ➡ _____

4   Why are you hate me?

   ➡ _____

5   How quick does our hair grow?

   ➡ _____

C   그림을 보고 주어진 말을 이용하여 질문을 완성하시오.

1   play

A: _____ _____ you _____ _____
   _____?

B: With Dan.

2   start

A: _____ _____ I _____ this machine?

B: Just press the red button.

Real Test

다음 버스시간표를 보고 대화를 완성하시오.

City Bus Timetable
(from Seoul to Daejeon)

Start	Arrive
09:00	11:00
11:00	01:00
01:00	03:00
03:00	05:00
05:00	07:00

∗ **Fare** ∗

Child: 10,000 won

Adult: 15,000 won

A. (1) _____ _____ _____ the bus _____?

B : It leaves every two hours.

A : (2) _____ _____ _____ it _____ from Seoul to Daejeon?

B : It takes two hours.

A : (3) _____ _____ _____ the fare?

B : It's 10,000 won for children and 15,000 won for adults.

Unit 05 과거시제(be동사)

 Focus 09 be동사의 과거형

Sam **was** so busy yesterday.

Sam은 어제 너무 바빴다.

- be동사의 과거형은 was나 were로 쓰고, '~였다, ~에 있었다'라는 뜻이다.
- 과거시제는 흔히 yesterday, last week, two months ago, in 2002 등과 같이 과거를 나타내는 부사구와 함께 쓰인다.
- 현재시제는 현재의 사실, 상태, 일상적인 습관, 불변의 사실을 나타낼 때 쓰는 반면, 과거시제는 과거의 사실, 상태, 역사적 사실을 나타낼 때 쓴다.

주어	be동사의 과거형
I / he / she / it / 단수명사	was
we / you / they / 복수명사	were

Quick Check Up

[정답 p. 5]

A 다음 문장을 과거형으로 바꿀 때 빈칸에 알맞은 말을 쓰시오.

1   I am so tired.   ⇒ I _____ so tired.

2   The girl is a lawyer.   ⇒ The girl _____ a lawyer.

3   Your notebooks are on the desk.   ⇒ Your notebooks _____ on the desk.

4   My parents are busy.   ⇒ My parents _____ busy.

B 우리말과 일치하도록 괄호 안에서 알맞은 말을 고르시오.

1   그 소문은 사실이었다.

   ⇒ The rumor (is / was) true.

2   소라와 나는 어제 쇼핑몰에 있었다.

   ⇒ Sora and I (was / were) at the mall yesterday.

3   그들은 2014년에 축구선수였다. 이제 그들은 축구 코치이다.

   ⇒ They (was / were) soccer players in 2014. Now, they (are / were) soccer coaches.

4   Brown 씨는 작년에 중국에 있었지만 지금은 일본에 있다.

   ⇒ Mr. Brown (is / was) in China last year, but he (is / was) in Japan now.

A _ 어법 수정 어법상 틀린 부분을 바르게 고쳐서 문장을 다시 쓰시오.

1 His house is near the school two years ago.

➡ _____

2 We are on the same team last year.

➡ _____

3 I were a member of the book club in 2017.

➡ _____

4 Sally were angry at you yesterday.

➡ _____

B _ 문장 전환 우리말과 일치하도록 빈칸에 알맞은 말을 쓰시오.

1 그는 지금 버스 정류장에 있다. ➡ _____ _____ at the bus stop now.

그는 1시간 전에 버스 정류장에 있었다. ➡ _____ _____ at the bus stop one hour ago.

2 그들은 올해 인기가 있다. ➡ _____ _____ popular this year.

그들은 작년에 인기가 있었다. ➡ _____ _____ popular last year.

3 나는 지금 아프다. ➡ _____ _____ sick now.

나는 어제 아팠다. ➡ _____ _____ sick yesterday.

C _ 영작 우리말과 일치하도록 주어진 말을 이용하여 영어로 옮기시오.

1 Tim은 2016년에 런던에 있었다. (in London, in 2016)

➡ _____

2 그녀는 2년 전에 가수였다. (singer, two years ago)

➡ _____

3 Karl과 나는 그때 운이 좋았다. (lucky, then)

➡ _____

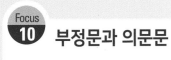

부정문과 의문문

Were you at home then?

너는 그때 집에 있었니?

- 부정문은 was나 were 다음에 not을 붙이며, 줄여 쓸 수 있다.
- 의문문은 was나 were를 주어 앞으로 보낸다. 이에 대한 대답도 〈Yes, 주어 + was/were.〉나 〈No, 주어 + wasn't/ weren't.〉로 한다.

수	인칭	be동사의 과거형 부정문	be동사의 과거형 의문문	대답
단수	1인칭	was not[wasn't]	Was I ~?	Yes, you were. No, you weren't.
	2인칭	were not[weren't]	Were you ~?	Yes, I was. No, I wasn't.
	3인칭	was not[wasn't]	Was he / she / it ~?	Yes, he / she / it was. No, he / she / it wasn't.
복수	1, 2, 3인칭	were not[weren't]	Were you / we / they ~?	Yes, we / they were. No, we / they weren't.

Quick Check Up

[정답 p. 5]

A 괄호 안에서 알맞은 말을 고르시오.

1 I (wasn't / weren't) at the zoo yesterday.

2 (Was / Were) they your friends?

3 (Was / Were) your mom a doctor?

4 (Was / Were) he afraid of dogs?

B 우리말과 일치하도록 빈칸에 알맞은 말을 쓰시오.

1 너의 방은 더럽지 않았다.　　⇒ Your room _____ dirty.

　　너의 방은 더러웠니?　　⇒ _____ _____ _____ dirty?

2 Sam과 Karl은 같은 반이 아니었다.　⇒ Sam and Karl _____ in the same class.

　　Sam과 Karl은 같은 반이었니?　⇒ _____ _____ _____ _____
　　in the same class?

A _ 문장 전환 다음 문장을 지시대로 바꿔 쓰시오.

1 Somi was thirsty. (부정문으로)   ⇒ _____

2 You are 14 years old. (과거시제로)   ⇒ _____

3 The bread isn't fresh. (과거시제로)   ⇒ _____

4 Ben was in the gym. (의문문으로)   ⇒ _____

B _ 순서 배열 우리말과 일치하도록 주어진 말을 바르게 배열하시오.

1 그들은 도서관에 있었니? (were / in the library / they)

⇒ _____

2 그 나라는 부유하지 않았다. (not / the country / rich / was)

⇒ _____

3 그 음식은 맛있었니? (the food / delicious / was)

⇒ _____

4 작년에 그 옷들은 작지 않았다. (last year / not / small / the clothes / were)

⇒ _____

C _ 영작 우리말과 일치하도록 주어진 말을 이용하여 영어로 옮기시오.

1 너는 어젯밤에 추웠니? (cold, last night)

⇒ _____

2 그 소방관은 용감했니? (the firefighter, brave)

⇒ _____

3 나는 2015년에 여기에 있지 않았다. (here, in 2015)

⇒ _____

4 그들은 2년 전에 친한 친구가 아니었다. (close friends, two years ago)

⇒ _____

A 문장의 빈칸에 be동사의 알맞은 형태를 쓰시오. (부정문은 줄임말로 쓸 것)

1 Mina _____ in the hospital last week, but she _____ at home now.

2 We _____ free two months ago, but we _____ busy now.

3 Henry _____ a middle school student in 2017, but now he _____ a high school student.

4 A: _____ it cold and dry last winter?

   B: No, it _____ .

5 A: _____ they kind to you yesterday?

   B: Yes, they _____ .

B 우리말과 일치하도록 어법상 틀린 부분을 바르게 고쳐서 문장을 다시 쓰시오.

1 그들은 10분 전에 쇼핑몰에 있었다.

   ➡ They are at the mall 10 minutes ago.

   ➡ _____

2 그 경기들은 재미있었니?

   ➡ Was the games interesting?

   ➡ _____

3 이 노래는 2011년에 아시아에서 유명하지 않았다.

   ➡ This song isn't famous in Asia in 2011.

   ➡ _____

4 그는 어제 파티에 없었다.

   ➡ He weren't at the party yesterday.

   ➡ _____

5 그 상자들은 오늘 아침에 비어 있지 않았다.

   ➡ The boxes wasn't empty this morning.

   ➡ _____

C 다음 문장을 지시대로 바꿔 쓰시오.

1 The children are bright and funny.

(1) 과거형: _____

(2) 과거형 부정문: _____

(3) 과거형 의문문: _____

2 Your sister is in the bathroom.

(1) 과거형: _____

(2) 과거형 부정문: _____

(3) 과거형 의문문: _____

빈출 유형

D ①~⑤ 중 어법상 틀린 부분을 찾아 바르게 고치시오.

> Last year, Jenny and I ①<u>were</u> close friends. We ②<u>were</u> in the same class. I ③<u>was</u> happy with her. But this year, we ④<u>weren't</u> in the same class. I ⑤<u>am</u> so sad.

(   ) _____ ⇒ _____

Real Test

사진을 보고, 주어진 말을 이용하여 문장을 완성하시오.

1

sunny

A: Was it cloudy yesterday?

B: No, _____ . _____

2

museum

A: Were you in the library last Saturday?

B: No, _____ . _____

Focus 11 일반동사의 과거형

You **made** a big mistake.
너는 큰 실수를 했다.

• 일반동사의 과거형에는 규칙변화와 불규칙변화가 있다. 규칙변화는 동사원형에 -(e)d를 붙인다.

규칙 변화	대부분의 동사	동사원형 + -ed	want → wanted call → called	talk → talked play → played
	-e로 끝나는 동사	동사원형 + -d	live → lived	like → liked
	〈단모음 + 단자음〉으로 끝나는 동사	자음을 한번 더 쓰고 + -ed	stop → stopped	drop → dropped
	〈자음 + y〉로 끝나는 동사	y → i + -ed	study → studied cry → cried	try → tried fly → flied
불규칙 변화	begin → began break → broke buy → bought catch → caught come → came do → did drink → drank drive → drove eat → ate get → got go → went have → had leave → left lose → lost make → made meet → met ride → rode run → ran say → said see → saw send → sent sing → sang sleep → slept speak → spoke swim → swam take → took tell → told wear → wore win → won write → wrote			
	형태가 변하지 않는 동사: cut → cut hit → hit put → put read → read			

Quick Check Up

[정답 p. 5]

괄호 안에서 알맞은 말을 고르시오.

1　We (studyed / studied) for the test.

2　Ken (call / called) me yesterday.

3　Our team (winned / won) the game.

4　My dad (stoped / stopped) smoking.

5　Sujin (put / putted) her bag on the sofa.

6　Ann (come / came) home so late.

7　I (tryed / tried) some food.

8　You (doed / did) a good job.

9　Daniel (taked / took) pictures of me.

A_문장 전환 밑줄 친 부분을 과거형으로 바꿔 문장을 다시 쓰시오.

1 My class <u>begins</u> at 9:30 today. ⇒ _____

2 Fred <u>lives</u> in this house. ⇒ _____

3 We <u>buy</u> some pencils at the mall. ⇒ _____

4 They <u>read</u> lots of detective novels. ⇒ _____

5 I <u>play</u> tennis with Karl after school. ⇒ _____

B_문장 완성 우리말과 일치하도록 주어진 말을 알맞은 형태로 바꿔 쓰시오.

1 그녀는 항상 아침을 먹는다. (have) ⇒ She always _____ breakfast.

그녀는 오늘 아침을 먹었다. ⇒ She _____ breakfast this morning.

2 Brian은 매일 일기를 쓴다. (write) ⇒ Brian _____ in his diary every day.

Brian은 어제 일기를 썼다. ⇒ Brian _____ in his diary yesterday.

3 나의 개는 공을 잘 잡는다. (catch) ⇒ My dog _____ a ball well.

나의 개는 공을 잘 잡았다. ⇒ My dog _____ a ball well.

4 그는 주말마다 도서관에 간다. (go) ⇒ He _____ to the library on weekends.

그는 지난 주말에 도서관에 갔다. ⇒ He _____ to the library last weekend.

C_영작 우리말과 일치하도록 주어진 말을 이용하여 영어로 옮기시오.

1 그는 파란색 모자를 썼다. (wear, a blue cap)

⇒ _____

2 Tina는 그 수업에서 비누를 만들었다. (make, soap, in the class)

⇒ _____

3 Ryan과 Jenny는 어제 이 영화를 봤다. (watch, this movie, yesterday)

⇒ _____

4 나는 지난주에 지갑을 잃어버렸다. (lose, my wallet, last week)

⇒ _____

Focus 12 부정문과 의문문

Jenny **didn't work** hard.

Jenny는 열심히 일하지 않았다.

- 부정문은 〈did not + 동사원형〉의 형태로 쓰고, did not은 줄여 쓸 수 있다.
- 의문문은 〈Did + 주어 + 동사원형 ~?〉의 형태로 쓰고, 이에 대한 대답은 〈Yes, 주어 + did.〉나 〈No, 주어 + didn't.〉로 한다.

일반동사의 과거형 부정문	일반동사의 과거형 의문문	대답
did not[didn't] + 동사원형	Did + 주어 + 동사원형 ~?	Yes, 주어 + did. No, 주어 + didn't.

Quick Check Up

[정답 p. 6]

A 괄호 안에서 알맞은 말을 고르시오.

1　I (don't / didn't) call him yesterday.

2　(Was / Did) the man with glasses help you?

3　The girl didn't (closed / close) the door.

4　A: Did she (tell / told) the truth?

　　B: Yes, she (was / did).

5　A: (Were / Did) all of you drink some juice?

　　B: No, we (aren't / didn't).

B 우리말과 일치하도록 빈칸에 알맞은 말을 쓰시오.

1　너는 세수를 했다.　　　　➡ You washed your face.

　　너는 세수를 하지 않았다.　➡ You ＿＿＿＿＿ ＿＿＿＿＿ your face.

　　너는 세수를 했니?　　　　➡ ＿＿＿＿＿ ＿＿＿＿＿ ＿＿＿＿＿ your face?

2　그들은 자전거를 탔다.　　　➡ They rode their bikes.

　　그들은 자전거를 타지 않았다.　➡ They ＿＿＿＿＿ ＿＿＿＿＿ their bikes.

　　그들은 자전거를 탔니?　　➡ ＿＿＿＿＿ ＿＿＿＿＿ ＿＿＿＿＿ their bikes?

A _ 문장 전환 다음 문장을 지시대로 바꿔 쓰시오.

1   Mina doesn't call me often. (과거시제로)

➡ _____

2   The child dropped his ice cream on the ground. (의문문으로)

➡ _____

3   My grandma doesn't wear glasses. (과거시제로)

➡ _____

4   Does Andy take a walk after dinner? (과거시제로)

➡ _____

B _ 순서 배열 우리말과 일치하도록 주어진 말을 바르게 배열하시오.

1   그들은 지난주에 동물원에 갔니? (go / last week / they / to the zoo / did)

➡ _____

2   네가 이 음식을 만들었니? (this food / you / did / make)

➡ _____

3   그는 그 문자메시지를 보내지 않았다. (he / the text message / send / didn't)

➡ _____

C _ 영작 우리말과 일치하도록 주어진 말을 이용하여 영어로 옮기시오.

1   Henry는 오늘 아침 Ted를 만났니? (meet, this morning)

➡ _____

2   Mia는 어제 그를 못 봤다. (see, yesterday)

➡ _____

3   Roger는 몇 년 동안 소설을 쓰지 않았다. (write, novels, for years)

➡ _____

A 밑줄 친 부분을 과거시제로 바꿔 문장을 다시 쓰시오.

1 Lucy <u>doesn't eat</u> meat. She <u>is</u> a vegetarian.

➡ _____

2 The concert <u>begins</u> at 7 o'clock. My seat <u>is</u> in the front row.

➡ _____

3 A: <u>Do you wear</u> school uniforms?　　　　B: Yes, we <u>do</u>.

➡ A: _____　B: _____

4 We <u>are</u> busy. We <u>have</u> a lot of homework.

➡ _____

5 Sam <u>gets up</u> early in the morning. He <u>leaves</u> for school at 8 o'clock.

➡ _____

빈출 유형

B 어법상 **틀린** 부분을 바르게 고쳐서 문장을 다시 쓰시오.

1 My sister didn't likes horror movies.

➡ _____

2 Did the boy wrote in his diary last night?

➡ _____

3 Mike and Sally meets in 2016.

➡ _____

4 I tell the news to my friends ten minutes ago.

➡ _____

5 Does he finish his homework?

➡ _____

C 그림을 보고 주어진 표현을 이용하여 글을 완성하시오.

go hiking on Halla mountain   ride a horse   see the sunset

Last weekend, Jaeha went to Jeju Island. In the morning, (1)_____

_____. After lunch, (2)_____ on a horse farm. It was very

exciting. In the evening, (3)_____ at Hamdeok beach. It was fantastic.

D ①~⑤ 중 어법상 **틀린** 부분을 찾아 바르게 고치시오.

> A: ①Did you go to the party?
> B: Yes, I ②did.
> A: How was it?
> B: It was great. I ③had a good time.
> A: ④Did Minho come to the party, too?
> B: No, he ⑤wasn't. He was very busy.

( ) _____ ➡ _____

Real Test

주어진 말을 이용하여 다음 글의 우리말 부분을 영어로 쓰시오.

Yesterday, (1) Sarah는 영화를 보았다. It was so sad. (2) 그녀는 울었다. After that, she went to
the mall. (3) 그녀는 치마를 샀다. She really liked it.

(1) _____ (watch, a movie)

(2) _____ (cry)

(3) _____ (buy, a skirt)

Focus 13 현재진행형

He **is sleeping** now.

그는 지금 자고 있다.

- 현재진행형은 '~하는 중이다, ~하고 있다'라는 뜻으로 지금 진행되는 동작을 나타낸다. 〈be동사의 현재형(am/is/are) + 동사원형-ing〉의 형태로 쓰며, be동사는 주어의 인칭과 수에 따라 형태가 바뀐다.
- 현재진행형의 부정문은 〈am/is/are + not + 동사원형-ing〉, 의문문은 〈Am/Is/Are + 주어 + 동사원형-ing ~?〉의 형태로 쓴다. 이에 대한 대답은 〈Yes, 주어 + am/is/are.〉, 〈No, 주어 + am/is/are not.〉으로 한다.

대부분의 동사	동사원형 + -ing	talk → talking	play → playing
-e로 끝나는 동사	e를 없애고 + -ing	drive → driving	come → coming
〈단모음 + 단자음〉으로 끝나는 동사	자음을 한번 더 쓰고 + -ing	swim → swimming	run → running
-ie로 끝나는 동사	-ie → y + -ing	lie → lying	tie → tying

Quick Check Up

[정답 p. 6]

A 괄호 안에서 알맞은 말을 고르시오.

1 She is (talk / talking) on the phone with Sally.

2 The boys are (danced / dancing) on the stage now.

3 Henry (is not playing / not is playing) the guitar.

4 A: (Do / Are) you listening to me now?
   B: Yes, I (do / am).

B 우리말과 일치하도록 주어진 말을 알맞은 형태로 바꿔 쓰시오.

1 그는 나에게 거짓말을 하고 있다. (lie) ⇒ He is _____ to me now.

2 Mia는 공원에서 달리고 있다. (run) ⇒ Mia is _____ in the park.

3 Dan이 여기로 오고 있니? (come) ⇒ Is Dan _____ here?

4 나는 수학을 공부하고 있지 않다. (study) ⇒ I'm not _____ math.

A_문장 전환 밑줄 친 부분을 현재진행형으로 바꿔 문장을 다시 쓰시오.

1 The children <u>swim</u> in the swimming pool.

➡ _____

2 Greg <u>takes</u> a walk in the park.

➡ _____

3 <u>Does</u> Sarah <u>tie</u> her hair up in a ribbon?

➡ _____

4 I <u>don't have</u> lunch with Paul.

➡ _____

B_문장 완성 우리말과 일치하도록 주어진 말을 이용하여 문장을 완성하시오.

1 그들은 표를 사려고 줄을 서서 기다리고 있다. (wait)

➡ _____ _____ _____ in line for the tickets now.

2 Jenny는 라디오를 듣고 있니? (listen to)

➡ _____ _____ _____ _____ the radio?

3 Andy는 자신의 차를 운전하고 있지 않다. (drive)

➡ _____ _____ _____ his car.

C_영작 우리말과 일치하도록 주어진 말을 이용하여 영어로 옮기시오.

1 그녀는 노란색 티셔츠를 입고 있다. (wear, a yellow T-shirt)

➡ _____

2 Fred와 나는 체육관에서 운동을 하고 있지 않다. (exercise, at the gym)

➡ _____

3 그들은 교실을 청소하고 있니? (clean, the classroom)

➡ _____

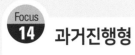

14 과거진행형

You **were having** dinner then.

너는 그때 저녁을 먹고 있었다.

- 과거진행형은 〈be동사의 과거형(was/were) + 동사원형-ing〉의 형태로 쓰고, '~하는 중이었다, ~하고 있었다'라는 뜻이다. 이때 be동사는 주어의 인칭과 수에 따라 형태가 바뀐다.
- 과거진행형의 부정문은 〈was/were + not + 동사원형-ing〉, 의문문은 〈Was/Were + 주어 + 동사원형-ing ~?〉의 형태로 쓴다. 이에 대한 대답은 〈Yes, 주어 + was/were.〉, 〈No, 주어 + wasn't/weren't.〉로 한다.

과거진행형	과거진행형 부정문	과거진행형 의문문
was/were + 동사원형-ing	was/were + not + 동사원형-ing	Was/Were + 주어 + 동사원형-ing ~? – Yes, 주어 + was/were. – No, 주어 + wasn't/weren't.

Quick Check Up

[정답 p. 6]

우리말과 일치하도록 주어진 말을 빈칸에 알맞은 형태로 바꿔 쓰시오.

1 그 화초는 죽어가고 있다. (die) ⟹ The plant _____ _____.

  그 화초는 죽어가고 있었다. ⟹ The plant _____ _____.

2 너는 소풍을 계획하고 있다. (plan) ⟹ You _____ _____ a picnic.

  너는 소풍을 계획하고 있었다. ⟹ You _____ _____ a picnic.

3 James는 길을 따라 걷고 있다. (walk) ⟹ James _____ _____ along the street.

  James는 길을 따라 걷고 있었다. ⟹ James _____ _____ along the street.

4 우리는 시험을 보지 않고 있다. (take) ⟹ We _____ _____ an exam.

  우리는 시험을 보지 않고 있었다. ⟹ We _____ _____ an exam.

5 A: 그들은 책을 읽고 있었니? (read) ⟹ A: _____ _____ _____ books?

  B: 응, 그랬어.   B: Yes, they _____.

6 A: Ann은 울고 있었니? (cry) ⟹ A: _____ _____ _____ ?

  B: 아니, 그러지 않았어.   B: No, she _____.

A _ 문장 전환 밑줄 친 부분을 과거진행형으로 바꿔 문장을 다시 쓰시오.

1 The students <u>ate</u> some bread. ➡ _____

2 They <u>didn't sit</u> on the bench. ➡ _____

3 We <u>took</u> a walk after dinner. ➡ _____

4 <u>Did</u> you <u>write</u> an email to him? ➡ _____

B _ 문장 완성 우리말과 일치하도록 주어진 말을 이용하여 문장을 완성하시오.

1 나는 수학 문제를 풀고 있었다. (solve)

➡ _____ _____ _____ some math questions.

2 소라와 민호는 담임 선생님을 돕고 있었다. (help)

➡ Sora and Minho _____ _____ their homeroom teacher.

3 우리 팀이 그 경기를 이기고 있었니? (win)

➡ _____ our team _____ the game?

4 그때 비가 많이 내리고 있지 않았다. (rain)

➡ It _____ _____ a lot then.

C _ 영작 우리말과 일치하도록 주어진 말을 이용하여 영어로 옮기시오.

1 너는 머리를 감고 있었니? (wash, your hair)

➡ _____

2 그의 엄마는 주차를 하고 계셨다. (park, her car)

➡ _____

3 그 아기는 침실에서 자고 있었다. (the baby, sleep, in the bed)

➡ _____

4 나는 컴퓨터를 사용하고 있지 않았다. (use, the computer)

➡ _____

A 밑줄 친 부분을 괄호 안의 지시대로 바꿔 문장을 다시 쓰시오.

1 We <u>had</u> a great time. (과거진행형으로)

➡ _____

2 He <u>didn't say</u> anything about the rumor. (과거진행형으로)

➡ _____

3 <u>Did</u> Kara <u>stand</u> in front of the building? (과거진행형으로)

➡ _____

4 My grandma <u>makes</u> some food for us. (현재진행형으로)

➡ _____

5 <u>Do</u> you <u>play</u> with your dog? (현재진행형으로)

➡ _____

B 우리말과 일치하도록 어법상 <u>틀린</u> 부분을 찾아 바르게 고치시오.

1 Fred는 나와 온라인 채팅을 하는 중이다.

➡ Fred does chatting online with me.   _____ ➡ _____

2 그 두 남자는 악수를 하고 있니?

➡ Is the two men shaking hands?   _____ ➡ _____

3 그 아이는 마스크를 쓰고 있지 않았다.

➡ The child did not wearing a mask.   _____ ➡ _____

4 그 선생님은 우리에게 세계사를 가르치고 계셨니?

➡ Did the teacher teaching world history to us?   _____ ➡ _____

5 Sarah는 너에게 그녀의 걱정을 이야기하고 있었니?

➡ Was Sarah tell her worries to you?   _____ ➡ _____

C 그림을 보고 주어진 말을 이용하여 [보기]와 같이 질문에 알맞은 대답을 완성하시오.

watch TV

do yoga

play with a ball

read a newspaper

보기

A: Who is watching TV?

B: <u>Sally is watching TV.</u>

1 A: What is Dad doing?

B: _____

2 A: Is Mom cleaning the room?

B: No, she isn't. _____

3 A: What is Tony doing?

B: _____

Real Test

Bob이 어제 한 일을 나타낸 표를 보고 문장을 쓰시오. (진행형을 사용할 것)

08:00 a.m.~ 10:00 a.m.	ride his bike at the park
11:00 a.m. ~ 1:00 p.m.	clean his room
2:00 p.m. ~ 6:00 p.m.	shop with Lyn at the mall

1 Bob _____ at 9:00 a.m.

2 Bob _____ at 12:00 p.m.

3 Bob _____ at 4:00 p.m.

Focus 15 will

I **will** visit Spain someday.

나는 언젠가 스페인을 방문할 것이다.

- will은 '~일 것이다' 또는 '~할 것이다'라는 뜻으로 미래의 일이나 주어의 의지를 나타낸다.
- 〈will + 동사원형〉의 형태로 쓰고, will은 주어의 인칭과 수에 따라 형태가 변하지 않는다. 부정문은 will not이나 won't, 의문문은 〈Will + 주어 + 동사원형 ~?〉의 형태로 쓴다. 이에 대한 대답은 〈Yes, 주어 + will.〉이나 〈No, 주어 + won't.〉로 한다.
- 미래시제는 tomorrow, tonight, next week, this afternoon, soon 등과 같이 미래를 나타내는 부사구와 함께 쓰인다.

긍정문	부정문	의문문	대답
will + 동사원형	will not[won't] + 동사원형	Will + 주어 + 동사원형 ~?	Yes, 주어 + will. No, 주어 + won't.

Quick Check Up

[정답 p. 7]

A 괄호 안에서 알맞은 말을 고르시오.

1 She (will / wills) have a party tomorrow.

2 We (aren't / won't) visit our grandparents this week.

3 A: Will you (are / be) at home this Sunday?

B: No, I (am not / won't).

4 A: (Is / Will) it rain soon?

B: Yes, it (is / will).

B 우리말과 일치하도록 주어진 말을 사용하여 문장을 완성하시오.

1 Kevin은 곧 진찰을 받으러 갈 것이다. (see)

➡ Kevin _____ _____ a doctor soon.

2 너는 이번 달에 새 휴대전화를 살 거니? (buy)

➡ _____ _____ _____ a new cellphone this month?

3 그들은 내일 아침에 일찍 일어나지 않을 것이다. (get up)

➡ They _____ _____ _____ _____ early tomorrow morning.

A _ 문장 전환 괄호 안의 표현을 넣어 문장을 다시 쓰시오.

1 My sister is in the 5th grade. (next year)

➡ _____

2 Fred didn't watch TV yesterday. (tomorrow)

➡ _____

3 Did you take this class last month? (next month)

➡ _____

4 We ate out for dinner last Friday. (next Friday)

➡ _____

B _ 순서 배열 우리말과 일치하도록 주어진 말을 바르게 배열하시오.

1 Sarah는 도서관에서 공부할 것이다. (Sarah / study / at the library / will)

➡ _____

2 Claire가 내일 너의 집에 올 거니? (Claire / to your house / will / tomorrow / come)

➡ _____

3 당신의 친절함을 잊지 않겠습니다. (not / your kindness / will / I / forget)

➡ _____

C _ 영작 우리말과 일치하도록 주어진 말을 이용하여 영어로 옮기시오.

1 오늘밤 너에게 전화할게. (call, tonight)

➡ _____

2 그 수업은 다음 주 금요일에 시작하니? (the class, begin, next Friday)

➡ _____

3 그녀는 이 나라로 돌아오지 않을 것이다. (come back to, country)

➡ _____

Focus 16 be going to

I **am going to** go hiking tomorrow.
나는 내일 하이킹을 갈 예정이다.

- be going to는 '~일 것이다' 또는 '~할 예정이다'라는 뜻으로, 이미 결정된 미래의 일이나 계획을 나타낸다.
- 〈be동사 + going to + 동사원형〉의 형태로 쓰고, be동사는 주어의 인칭과 수에 따라 형태가 변한다. 부정문은 〈be동사 + not going to + 동사원형〉, 의문문은 〈Be동사 + 주어 + going to ~?〉의 형태로 쓴다. 이에 대한 대답은 〈Yes, 주어 + be동사.〉나 〈No, 주어 + be동사 + not.〉으로 한다.

긍정문	부정문	의문문	대답
be동사 + going to + 동사원형	be동사 + not going to + 동사원형	Be동사 + 주어 + going to + 동사원형 ~?	Yes, 주어 + be동사. No, 주어 + be동사 + not.

Quick Check Up

[정답 p. 7]

A 괄호 안에서 알맞은 말을 고르시오.

1 Ann is going to (take / takes) the Chinese class this month.

2 We (aren't / won't) going to arrive there at noon.

3 She (be / is) going to (be / is) 15 years old next year.

4 A: (Is / Will) it going to snow tomorrow?
   B: No, it (isn't / won't).

B 우리말과 일치하도록 빈칸에 알맞은 말을 쓰시오.

1 나는 내일 숙제를 끝낼 것이다.
   ⇒ I _____ _____ _____ finish my homework tomorrow.

2 그 가게는 다음 달에 문을 여니?
   ⇒ _____ the store _____ _____ open next month?

3 그 선수들은 다음 주에 경기를 하지 않을 것이다.
   ⇒ The players _____ _____ _____ play next week.

A_어법 수정 밑줄 친 부분을 바르게 고쳐서 문장을 다시 쓰시오.

1 I <u>be going to</u> be a high school student next year.

➡ _____

2 He <u>doesn't going to fight</u> with his brother.

➡ _____

3 <u>Do they going to invite</u> their friends to the festival?

➡ _____

4 She <u>is going to has</u> a part-time job.

➡ _____

B_순서 배열 우리말과 일치하도록 주어진 말을 바르게 배열하시오.

1 그 비행기는 정시에 도착할 예정입니다. (to / on time / is / the plane / arrive / going)

➡ _____

2 너는 다음 학기에 그의 수업을 들을 거니?
(going / you / next semester / to / his class / are / take)

➡ _____

3 우리는 너를 오래 기다리지 않을 거야.
(not / for a long time / to / are / going / we / wait for you)

➡ _____

C_영작 우리말과 일치하도록 주어진 말과 be going to를 이용하여 영어로 옮기시오.

1 Sam은 여기에 일주일 동안 머물 예정이다. (stay here, for a week)

➡ _____

2 그녀는 이번 주 토요일에 이사하니? (move, this Saturday)

➡ _____

3 우리는 이번 주말에 만나지 않을 것이다. (meet, this weekend)

➡ _____

A 어법상 <u>틀린</u> 부분을 바르게 고쳐서 문장을 다시 쓰시오.

1 She is going to starting a new life in London.

➡ _____

2 They be going to work late tonight.

➡ _____

3 Do you send him an email tomorrow?

➡ _____

4 The student wills like your plans.

➡ _____

5 The museum is going not to close today.

➡ _____

B 주어진 단어를 활용하여 다음 우리말을 영어로 옮기시오.

1 나의 부모님은 내년에 해외로 여행을 갈 예정이다. (going, travel abroad)

➡ _____

2 그들이 내일 그 경기에서 승리할까? (will, win)

➡ _____

3 그는 올해 서울을 떠나지 않을 예정이다. (going, leave Seoul)

➡ _____

4 나는 매일 아침을 먹을 것이다. (will, have)

➡ _____

5 너는 턱수염을 기를 거니? (going, grow a beard)

➡ _____

C 그림을 보고 질문에 알맞은 대답을 완전한 문장으로 쓰시오.

1

A: What will the girl wear tomorrow?

B: _____

2

A: What will the boy do next week?

B: _____

3

A: Will the children take the subway?

B: _____, _____.

_____

Real Test

그림을 보고 보기 에서 알맞은 표현을 골라 be going to를 사용하여 재은이의 글을 완성하시오.

보기

for lunch
early
make
get up
sandwiches
ride
tomorrow

My friends and I are going to go on a picnic tomorrow.
(1) 나는 내일 일찍 일어날 것이다. (2) 나는 점심을 위해 샌드위치를 만들 것이다.
(3) 우리는 자전거를 탈 것이다. I can't wait for tomorrow.

(1) _____

(2) _____

(3) _____

can, may

He **can** play the guitar well.

그는 기타를 잘 칠 수 있다.

- 조동사는 주어의 인칭과 수에 따라 변하지 않으며, 항상 〈조동사 + 동사원형〉의 형태로 쓴다.
- can은 능력, 허가, 요청을 나타내는 조동사이다. can이 능력을 나타낼 경우에는 be able to로 바꿔 쓸 수 있다. be able to는 주어의 수와 시제에 따라 형태가 바뀐다.
- may는 추측, 허가를 나타내는 조동사이다. may가 허가를 나타낼 경우 can으로 바꿔 쓸 수 있다.

조동사	can	may
뜻	능력(~할 수 있다) 허가(~해도 좋다) 요청(~해 주시겠어요?)	추측(~일지도 모른다) 허가(~해도 좋다)
부정문	cannot[can't] + 동사원형	may not + 동사원형
의문문	Can + 주어 + 동사원형 ~?	May + 주어 + 동사원형 ~?

> **Note**
> **be able to의 변화**
> - 현재시제일 때: am/is/are able to
> - 과거시제일 때: was/were able to
> - 미래시제일 때: will be able to

Quick Check Up

[정답 p. 8]

우리말과 일치하도록 괄호 안에서 알맞은 말을 고르시오.

1 나는 중국어를 말할 수 있다. ⇒ I (can / may) speak Chinese.

2 에어컨을 꺼 주시겠어요? ⇒ (Can / May) you turn off the air conditioner?

3 너는 내 휴대전화를 쓰면 안 된다. ⇒ You (may / may not) use my cell phone.

4 오늘 제가 일찍 집에 가도 될까요? ⇒ (Can you / May I) go home early today?

5 그녀는 내게 화가 났을지도 모른다. ⇒ She (may / mays) be angry at me.

6 우리는 스케이트를 탈 줄 모른다. ⇒ We (can't / may not) skate.

7 그는 피곤하지 않을지도 모른다. ⇒ He (cannot / may not) be tired.

8 너는 기타를 칠 수 있니? ⇒ (Can you / May I) play the guitar?

9 Ben은 너 없이 살 수 없을 것이다. ⇒ Ben (can't / won't be able to) live without you.

A_어법 수정 우리말과 일치하도록 <u>틀린</u> 부분을 바르게 고쳐서 문장을 다시 쓰시오.

1 He can be in the library now. (그는 지금 도서관에 있을지도 모른다.)

➡ _____

2 May you show me the way to the bank? (은행으로 가는 길을 알려줄래요?)

➡ _____

3 I may not find my ring. (나는 내 반지를 찾을 수 없다.)

➡ _____

4 It cannot rain tomorrow morning. (내일 아침에 비가 오지 않을지도 모른다.)

➡ _____

B_순서 배열 우리말과 일치하도록 주어진 말을 바르게 배열하시오.

1 이 재킷을 입어봐도 될까요? (I / this jacket / may / try on)

➡ _____

2 너는 디저트로 아이스크림을 먹어도 된다. (for dessert / can / an ice cream / you / have)

➡ _____

3 Tom은 그 시를 암기할 수 있었다. (Tom / to / the poem / was / memorize / able)

➡ _____

C_영작 우리말과 일치하도록 주어진 말을 이용하여 영어로 옮기시오.

1 그는 오늘 밤 늦을지도 모른다. (late, tonight)

➡ _____

2 Fred는 그 자전거를 고칠 수 있다. (able, fix the bike)

➡ _____

3 너는 물고기에게 먹이를 주면 안 된다. (feed the fish)

➡ _____

Focus 18 must, have to, should

You **must** follow the rules.

너는 그 규칙을 따라야 한다.

- must는 강한 추측과 강한 의무를 나타낸다.
- have to는 강한 의무를 나타내며 must로 바꿔 쓸 수 있다. have to는 주어의 수와 시제에 따라 형태가 바뀐다.
- should는 당연한 의무나 충고를 나타낸다. should의 부정은 금지를 나타낸다.

조동사	must	have to	should
의미	강한 의무(~해야 한다) 강한 추측(~임에 틀림없다)	강한 의무 (~해야 한다)	의무 (~해야 한다) 충고 (~하는 것이 좋겠다)
부정문	must not + 동사원형 금지(~하면 안 된다)	don't/doesn't have to + 동사원형 불필요(~할 필요가 없다) = don't/doesn't need to + 동사원형	should not + 동사원형 금지(~하면 안 된다) 충고(~하지 않는 게 좋겠다)

*〈cannot + 동사원형〉: '~일 리 없다'라는 뜻의 부정적 추측을 나타낸다.

Note
have to의 변화
- 주어가 3인칭 단수이고 현재시제일 때: has to
- 과거시제일 때: had to
- 미래시제일 때: will have to

Quick Check Up

[정답 p. 8]

우리말과 일치하도록 괄호 안에서 알맞은 말을 고르시오.

1 그는 천재임에 틀림없다. ⇒ He (must / have to) be a genius.

2 그녀는 서둘러야 한다. ⇒ She (have to / has to) hurry up.

3 너는 거기에 가지 않는 게 좋겠다. ⇒ You (cannot / should not) go there.

4 우리는 오늘 밤 일찍 자야 할 것이다. ⇒ We will (must / have to) sleep early tonight.

5 너는 수업에 늦어서는 안 된다. ⇒ You (don't have to / must not) be late for the class.

6 나는 그를 기다릴 필요가 없다. ⇒ I (don't have to / must not) wait for him.

7 그들은 서로 도와야 한다. ⇒ They (should / should not) help each other.

8 그 소문이 사실일 리가 없다. ⇒ The rumor (cannot / don't have to) be true.

A _ 문장 전환 다음 문장을 지시대로 바꿔 쓰시오.

1 You must call him now. (부정문으로)

➡ _____

2 I have to wash the dishes after dinner. (미래시제로)

➡ _____

3 They should work late today. (부정문으로)

➡ _____

4 Ben has to help his brother. (과거시제로)

➡ _____

B _ 순서 배열 우리말과 일치하도록 주어진 말을 바르게 배열하시오.

1 너는 겨울에 몸을 따뜻하게 해야 한다. (warm / in the winter / should / you / keep)

➡ _____

2 나는 너의 질문에 대답할 필요는 없다. (have to / don't / your questions / I / answer)

➡ _____

3 너는 부모님께 거짓말을 해서는 안 된다. (lie / you / to / not / your parents / must)

➡ _____

C _ 영작 우리말과 일치하도록 주어진 말을 이용하여 영어로 옮기시오.

1 Simpson 씨는 캐나다 사람임에 틀림 없다. (Mr. Simpson, be, a Canadian)

➡ _____

2 우리는 어제 많은 사람을 만나야 했다. (meet, a lot of people)

➡ _____

3 Henry는 오늘 숙제를 끝낼 필요가 없다. (finish, his homework)

➡ _____

A 주어진 말을 이용하여 다음 우리말을 영어로 옮기시오.

1 나는 이번 주말에 가족과 함께 캠핑을 갈지도 모른다. (go camping)

　➡ _____

2 제게 물 좀 줄래요? (give, some water)

　➡ _____

3 당신은 박물관 안에서 사진을 찍으면 안 된다. (take pictures)

　➡ _____

4 너는 지금 당장 Sally에게 사과해야 한다. (apologize to, right now)

　➡ _____

5 우리는 오늘 떠날 필요가 없다. (leave, today)

　➡ _____

신유형

B 주어진 말을 바르게 배열한 후, 문장을 해석하시오.

1 breakfast / should / skip / you / not

　➡ _____

2 had to / at / sing / the party / she

　➡ _____

3 I / your / borrow / may / pencil / ?

　➡ _____

4 interested in / be / you / music / must

　➡ _____

5 save / for his trip / was / to / money / he / able

　➡ _____

C 그림을 보고 주어진 말과 should를 활용하여 엄마의 조언을 완성하시오.

1
bring

A: Mom, what's the weather like now?

B: It will rain soon. _____

2
see

A: Mom, I have a fever and a runny nose.

B: Really? _____

3
take

A: How can I get to the zoo, mom?

B: Let me see… _____

Real Test

표지판을 보고, 주어진 말과 must를 활용하여 경고문을 완성하시오.

1
turn off, in the theater

➡ You _____.

2
swim, here

➡ You _____.

3
take pictures, in the museum

➡ You _____.

Focus 19 There + be동사

There is a cat under the sofa.

소파 아래에 고양이 한 마리가 있다.

- 〈there + be동사 + 주어 ~〉는 '~이 있다'라는 의미로, be동사는 뒤에 나오는 주어의 수에 따라 형태가 바뀐다. be동사의 과거형이 오면 '~이 있었다'라는 뜻이다.

- 부정문은 be동사 다음에 not을 붙이고, 의문문은 be동사를 there 앞에 놓는다. 이에 대한 대답은 〈Yes, there is/are/was/were.〉나 〈No, there is/are/was/were not.〉으로 한다.

There + be동사		주어	의미
There	is / was	단수 명사	~이 있다 / ~이 있었다
	are / were	복수 명사	~들이 있다 / ~들이 있었다

Quick Check Up

[정답 p. 8]

A 괄호 안에서 알맞은 말을 고르시오.

1 There is (a ball / three balls) under the desk.

2 There are (a book / many books) on the bookshelf.

3 There (was not / were not) any water in the bottle.

4 A: (Is / Are) there some children on the playground?
   B: Yes, there (is / are).

B 우리말과 일치하도록 빈칸에 알맞은 말을 쓰시오.

1 꽃병에 한 송이 꽃이 있다.

   ➡ _____ _____ a flower in the vase.

2 냉장고에 우유가 없다.

   ➡ _____ _____ any milk in the refrigerator.

3 버스 안에 많은 사람들이 있니?

   ➡ _____ _____ many people on the bus?

4 그 공원에는 나무가 많았다.

   ➡ _____ _____ lots of trees in the park.

A _ 어법 수정 **어법상 틀린 부분을 바르게 고쳐서 문장을 다시 쓰시오.**

1   There were some juice in the glass.

➡ _____

2   Was there many people at the party?

➡ _____

3   There isn't many stars in the sky tonight.

➡ _____

B _ 순서 배열 **우리말과 일치하도록 주어진 말을 바르게 배열하시오.**

1   이 근처에 은행이 있니? (near / a bank / there / here / is)

➡ _____

2   그 박물관에는 그림이 많지 않았다. (many paintings / were / in the museum / there / not)

➡ _____

3   문 옆에 자전거가 한 대 있었니? (next to / a bike / was / there / the door)

➡ _____

4   우리 집에는 TV가 없다. (a TV / in my house / isn't / there)

➡ _____

C _ 영작 **우리말과 일치하도록 주어진 말을 이용하여 영어로 옮기시오.**

1   쇼핑몰에는 사람들이 많지 않았다. (there, many people, mall)

➡ _____

2   바구니 안에 사과 세 개가 있니? (there, three apples, basket)

➡ _____

3   벽에 가족 사진이 있다. (there, a family picture, wall)

➡ _____

20 감각동사 + 형용사

Her eyes **look** so **sad.**

그녀의 눈은 매우 슬퍼 보인다.

- 감각동사는 보어 자리에 형용사가 오며, 〈감각동사 + 형용사〉의 형태로 쓴다. 보어인 형용사는 '~하게'라고 해석되므로, 이때 보어 자리에 부사를 쓰지 않도록 주의한다.
- 감각동사 다음에 명사를 쓸 경우에는 반드시 전치사 like를 명사 앞에 써서 〈감각동사 + like + 명사〉의 형태로 쓴다. 이때 전치사 like는 '~처럼'을 뜻한다.

감각동사	보어	의미
feel look smell sound taste	+ 형용사	~하게 느끼다, ~한 느낌이 나다 ~하게 보이다 ~한 냄새가 나다 ~하게 들리다 ~한 맛이 나다, 맛이 ~하다

Quick Check Up
[정답 p. 9]

A 괄호 안에서 알맞은 것을 고르시오.

1 Your voice sounds (strange / strangely).

2 This sweater (feels / feels like) very soft.

3 This soup (tastes / tastes like) salty.

4 The flowers (smell / smell like) chocolate.

B 우리말과 일치하도록 look을 이용하여 빈칸을 완성하시오.

1 그는 오늘 멋져 보인다.

➡ He _____ cool today.

2 너희들은 쌍둥이 자매처럼 보인다.

➡ You _____ _____ twin sisters.

3 너의 신발은 매우 깨끗해 보인다.

➡ Your shoes _____ so clean.

A _ 어법 수정 **어법상 틀린 부분을 바르게 고쳐서 문장을 다시 쓰시오.**

1 This looks a real diamond.   ➡ _____

2 Fred felt very hungrily.   ➡ _____

3 The milk tastes like sour.   ➡ _____

4 This shampoo smells a flower. ➡ _____

B _ 순서 배열 **우리말과 일치하도록 주어진 말을 바르게 배열하시오.**

1 그것은 좋은 생각처럼 들린다. (sounds / that / a good idea / like)

➡ _____

2 이 쿠키는 매우 맛있는 냄새가 난다. (delicious / this cookie / so / smells)

➡ _____

3 Sam은 그 경기 후에 매우 피곤했다. (Sam / very / after / felt / the game / tired)

➡ _____

4 너는 어제 나에게 화난 것처럼 보였다. (with me / yesterday / looked / you / angry)

➡ _____

C _ 영작 **우리말과 일치하도록 주어진 말을 이용하여 영어로 옮기시오.**

1 너는 오늘 바빠 보인다. (busy)

➡ _____

2 그의 노래는 환상적으로 들린다. (song, fantastic)

➡ _____

3 이 음식은 소고기 같은 맛이 난다. (beef)

➡ _____

4 나는 그 파티에서 낯선 사람처럼 느꼈다. (a stranger, at the party)

➡ _____

A 우리말과 일치하도록 보기 에서 알맞은 말을 찾아 영어로 옮기시오.

1 탁자 위에 노트북 컴퓨터가 있다.

➡ _____

2 침대 아래에 파란 모자가 한 개 있었다.

➡ _____

3 그 공원에는 분수대가 있니?

➡ _____

4 버스 안에는 많은 학생들이 있었다.

➡ _____

5 오늘 아침에는 교통량이 많지 않았다.

➡ _____

> 보기
> a fountain
> a blue cap
> much traffic
> many students
> a laptop computer

고난도

B 우리말과 일치하도록 어법상 **틀린** 부분을 바르게 고쳐서 문장을 다시 쓰시오.

1 Alex는 Ryan처럼 보인다. 그들은 매우 비슷하게 보인다.

➡ Alex looks Ryan. They look like so similar.

➡ _____

2 그 노래는 매우 달콤하게 들린다. 그것은 내게 캔디처럼 들린다.

➡ The song sounds so sweetly. It sounds candy to me.

➡ _____

3 이 셔츠는 매우 부드러운 느낌이 난다. 그것은 실크 같은 느낌이다.

➡ This shirt feels like very soft. It feels silk.

➡ _____

4 그 주스는 맛있게 보이지만 그것은 쓴 맛이 난다.

➡ The juice looks deliciously, but it tastes bitterly.

➡ _____

빈출 유형

C 그림을 보고 민호의 거실을 묘사한 문장을 보기와 같이 쓰시오.

보기

two cats, sofa, sleepy

There are two cats on the sofa.
They look sleepy.

1 clock, wall, owl _____

2 towel, basket, dirty _____

3 plants, next to, fresh _____

4 bookshelf, wall, house _____

Real Test

다음 대화에서 어법상 틀린 부분을 바르게 고치고 그 이유를 쓰시오.

1   A: How many apples are there in the refrigerator?
   B: There are only one apple in the refrigerator.

   _____ ➡ _____

   이유: _____

2   A: Paul, I made this cake for you.
   B: Oh, thank you so much. It smells really greatly.

   _____ ➡ _____

   이유: _____

21 수여동사 + 간접목적어 + 직접목적어(4형식 문장)

He gave me this flower.

그는 나에게 이 꽃을 주었다.

- 수여동사는 '~에게(간접목적어) …을(직접목적어) —하다'라는 의미를 나타낼 때 쓰이는 동사로 목적어가 두 개 필요하다. 〈수여동사 + 간접목적어 + 직접목적어〉의 어순으로 쓴다.
- 수여동사는 〈수여동사 + 직접목적어 + 전치사 + 간접목적어〉의 어순으로 쓸 수도 있으며, 전치사는 동사에 따라 to, for, of 등이 온다.

수여동사	간접목적어	직접목적어	의미	간접목적어 앞의 전치사
give, send, show, teach, tell, bring	사람 (~에게)	사물 (…을)	주다, 보내다, 보여 주다, 가르치다, 말해 주다, 가져다 주다	to
buy, cook, find, make			사 주다, 요리해 주다, 찾아 주다, 만들어 주다	for
ask			물어보다, 부탁하다	of

Quick Check Up

[정답 p. 9]

두 문장이 같은 뜻이 되도록 빈칸에 알맞은 말을 쓰시오.

1 Jenny showed _____ her family photos.

  ⇒ Jenny showed her family photos _____ me.

2 My dad made _____ cheese spaghetti.

  ⇒ My dad made cheese spaghetti _____ us.

3 Junha gave _____ some money.

  ⇒ Junha gave some money _____ her.

4 We asked _____ some questions.

  ⇒ We asked some questions _____ him.

5 They bought _____ a laptop computer.

  ⇒ They bought a laptop computer _____ me.

A_문장 전환 두 문장이 같은 뜻이 되도록 전치사를 이용하여 문장을 다시 쓰시오.

1   Sue sent me a text message.   ⇒ _____

2   My aunt bought us the concert tickets. ⇒ _____

3   He asked me a favor.   ⇒ _____

4   Ms. Brown teaches us science.   ⇒ _____

B_순서 배열 우리말과 일치하도록 주어진 말을 바르게 배열하시오.

1   Sally는 어제 Jack에게 그 사실을 말해 주었다. (Sally / Jack / told / yesterday / the truth)

⇒ _____

2   나의 아빠는 여동생에게 의자를 만들어 주셨다. (made / my sister / my dad / a chair)

⇒ _____

3   Sam은 친구들을 위해 음식을 요리했다. (some food / cooked / Sam / his friends / for)

⇒ _____

4   나의 강아지는 매일 나에게 공을 가져다 준다. (brings / me / my dog / a ball / every day / to)

⇒ _____

C_영작 우리말과 일치하도록 주어진 말을 이용하여 영어로 옮기시오.

1   김 선생님은 우리에게 숙제를 많이 내 주신다. (Mr. Kim, give, a lot of homework)

⇒ _____

2   나는 Dan에게 내 방을 보여 주었다. (show, my room)

⇒ _____

3   그 남자는 그의 아내에게 매년 반지를 사준다. (buy, a ring, every year)

⇒ _____

4   그는 나에게 몇 가지 질문을 했다. (ask, some questions)

⇒ _____

22 동사 + 목적어 + 목적격보어(5형식 문장)

He makes me happy.

그는 나를 행복하게 한다.

• 목적격보어는 목적어를 보충 설명해주는 말로, 목적어 다음에 온다. 목적격보어는 명사나 형용사가 올 수 있다. 목적격보어로 쓰인 형용사는 '~하게'로 해석하는데, 이때 목적격보어 자리에 부사를 쓰지 않도록 주의한다.

동사	목적어	목적격보어	의미
make leave think keep call / name find	사람, 사물, 동물	명사, 형용사	~을 …하게 만들다 ~을 …인 채 남겨두다 ~을 …라고 생각하다 ~을 …하게 유지하다 ~을 …라고 부르다 / 이름 짓다 ~을 …라고 여기다, 알게 되다

*위의 동사들은 다양한 문장구조에서 쓰이므로 문맥을 잘 파악해야 한다.

Quick Check Up

[정답 p. 9]

우리말과 일치하도록 괄호 안에서 알맞은 말을 고르시오.

1 Tom은 우리 동아리를 활기차게 만든다.

⇒ Tom makes our club (cheerful / cheerfully).

2 우리는 그 문제가 어렵다는 것을 알았다.

⇒ We found the question (difficult / difficulty).

3 그녀는 자신의 방을 항상 깨끗하게 유지한다.

⇒ She keeps her room (clean / cleanly) all the time.

4 너는 그가 거짓말쟁이라고 생각하니?
⇒ Do you think him (a liar / lie)?

5 그는 나를 미니라고 부른다.

⇒ He calls (Mini me / me Mini).

A_문장 완성 우리말과 일치하도록 주어진 말을 이용하여 문장을 완성하시오.

1 나의 부모님은 결코 나를 혼자 내버려 두지 않으신다. (leave, alone)

➡ My parents never _____ _____ _____.

2 그 가수들은 항상 그들의 목을 따뜻하게 유지한다. (keep, warm)

➡ The singers _____ _____ _____ _____ all the time.

3 이 드라마는 그를 스타로 만들었다. (make, a star)

➡ This drama _____ _____ _____ _____.

4 우리는 우리 개를 Toto라고 이름 지었다. (name, Toto)

➡ We _____ _____ _____ _____.

B_순서 배열 주어진 말을 바르게 배열하고 우리말로 옮기시오.

1 call / my friends / Sleepy Eyes / me

➡ _____ 해석: _____

2 honest / Ben / her / thought

➡ _____ 해석: _____

3 they / interesting / found / the game

➡ _____ 해석: _____

C_영작 우리말과 일치하도록 주어진 말을 이용하여 영어로 옮기시오.

1 이 노래는 우리를 신나게 만들었다. (make, excited)

➡ _____

2 Jackson 씨는 그의 몸을 날씬하게 유지한다. (Mr. Jackson, keep, slim)

➡ _____

3 나는 그 수업이 지루하다는 것을 알게 되었다. (find, boring)

➡ _____

A 어법상 <u>틀린</u> 부분을 바르게 고쳐서 문장을 다시 쓰시오.

1 Jenny brought some food to all of us.

➡ _____

2 Sam told an amazing story for his friends.

➡ _____

3 Did your dad buy that watch to you?

➡ _____

4 They often call to me Sunny.

➡ _____

5 I found Ryan really bravely.

➡ _____

B 주어진 말을 이용하여 다음 우리말을 영어로 옮기시오.

1 그 요리사는 우리에게 스파게티를 만들어 주었다. 그는 그 음식을 맛있게 만든다.
(make, spaghetti, delicious)

➡ _____

2 나는 어제 집을 떠났다. 나는 창문을 열어 두었다. (leave, home, open)

➡ _____

3 소라는 나에게 이 책을 주었다. 나는 그 책이 재미있다고 생각했다. (give, find, interesting)

➡ _____

4 Paul은 그 장난감들을 간직한다. 그는 그것들을 깔끔하게 유지한다. (keep, neat)

➡ _____

C 그림을 보고 보기 와 같이 문장을 완성하시오.

보기

show

The boy <u>shows a picture to the girl</u>.
The boy <u>shows the girl a picture</u>.

1

teach

Ms. Lee _____.
Ms. Lee _____.

2

cook

My grandma _____.
My grandma _____.

Real Test

그림을 보고 보기 에서 알맞은 표현을 골라 질문에 대한 대답을 쓰시오.

보기   make   healthy   our house   keep   dirty   my dog

1

A: Why do you exercise every day?

B: _____

2

A: Why are you upset?

B: _____

Focus 23 셀 수 있는 명사

Jenny has three **cats.**

Jenny는 세 마리의 고양이가 있다.

- 셀 수 있는 명사가 단수일 경우, 명사 앞에 a(n)을 쓴다. 명사가 복수인 경우, 명사에 -s/-es를 붙여서 복수형을 쓴다. 셀 수 있는 명사의 복수형은 규칙 변화와 불규칙 변화가 있다.
- 명사의 첫소리가 자음이면 a, 모음이면 an을 붙인다. 명사의 복수형 앞에 some, a few, many, a lot of, lots of 등의 부정 수량 형용사를 쓸 수 있다. (참조: Focus 27)

규칙 변화	대부분의 명사	+ -s	door → doors day → days
	-o, -(s)s, -ch, -sh, -x로 끝나는 명사	+ -es	dish → dishes tomato → tomatoes *예외: piano → pianos, photo → photos
	〈자음 + y〉로 끝나는 명사	y → i + -es	city → cities story → stories
	-f, -fe로 끝나는 명사	f, fe → v + -es	leaf → leaves life → lives *예외: roof → roofs
불규칙 변화	man → men woman → women child → children ox → oxen foot → feet tooth → teeth goose → geese mouse → mice		
단수, 복수 형태가 같은 명사	sheep → sheep fish → fish deer→ deer		

*항상 복수로 쓰는 명사: glasses(안경), shoes(신발), socks(양말), pants(바지), jeans(청바지), tights(타이츠), scissors(가위) 등의 명사는 항상 복수형으로 쓰며, 수량을 나타낼 때는 〈수량 + pair(s) + of + 명사〉의 형태로 쓴다.

Quick Check Up

[정답 p. 10]

괄호 안에서 알맞은 말을 고르시오.

1 (A bag / The two bags) are on the sofa.

2 There is (a / an) eagle in the sky.

3 The (babies / babys) are sleeping.

4 I was sick for (daies / days).

5 She bought some (potatos / potatoes).

6 Do you wear (a glass / glasses)?

7 He took a lot of (photos / photoes).

8 Many (leafs / leaves) are falling.

9 This shirt is for (mans / men).

10 He caught a few (fish / fishes).

A _ 어법 수정 어법상 <u>틀린</u> 부분을 바르게 고쳐서 문장을 다시 쓰시오.

1 My sister has a apple for breakfast.

➡ _____

2 Tom told some storys to me.

➡ _____

3 You should brush your tooth after dinner.

➡ _____

4 There are many goose in the lake.

➡ _____

B _ 문장 완성 우리말과 일치하도록 주어진 말을 빈칸에 알맞은 형태로 바꿔 쓰시오.

1 이 건물은 창문이 많다. (many, window)

➡ This building has _____ _____.

2 여자 세 명이 버스를 기다리고 있다. (woman)

➡ _____ _____ are waiting for the bus.

3 몇 명의 아이들이 잔디밭에서 비누방울을 불고 있다. (some, child)

➡ _____ _____ are blowing bubbles on the grass.

C _ 영작 우리말과 일치하도록 주어진 말을 이용하여 영어로 옮기시오.

1 Fred는 신발을 많이 가지고 있다. (a lot of, shoe)

➡ _____

2 나는 오늘 수업이 많다. (have, many, class)

➡ _____

3 Ann은 어제 접시를 몇 개 샀다. (buy, a few, dish)

➡ _____

Focus 24 셀 수 없는 명사

I drank a glass of milk.
나는 우유 한 잔을 마셨다.

- 셀 수 없는 명사의 종류에는 고유명사, 추상명사, 물질명사가 있다.

- 셀 수 없는 명사는 항상 단수로 쓰며, 명사 앞에 a(n)을 쓸 수 없다. 단, 셀 수 없는 명사 앞에 some, a little, much, a lot of, lots of 등의 부정 수량 형용사를 쓸 수 있다. (참조: Focus 27)

- 〈수량 + 단위 명사 + of + 셀 수 없는 명사〉의 형태로 수량을 나타낼 수 있다.

(단위 명사) 단수	(단위 명사) 복수	셀 수 없는 명사
a glass of 한 잔의	two glasses of 두 잔의	water, juice, milk
a cup of 한 잔의	two cups of 두 잔의	coffee, tea
a bottle of 한 병의	two bottles of 두 병의	milk, water
a piece of 한 조각의	two pieces of 두 조각의	cake, bread
a sheet[piece] of 한 장의	two sheets[pieces] of 두 장의	paper
a loaf of 한 덩이의	two loaves of 두 덩이의	bread
a slice of 한 장의	two slices of 두 장의	cheese
a bowl of 한 그릇의	two bowls of 두 그릇의	soup, rice
a spoonful of 한 스푼의	two spoonfuls of 두 스푼의	sugar

Note

셀 수 없는 명사의 종류
고유명사: Mina, Tom, Korea, New York 등
추상명사: beauty, happiness, love, peace, time, music 등
물질명사: milk, air, bread, sugar, sand, rice, money 등

Quick Check Up

[정답 p. 10]

A 괄호 안에서 알맞은 말을 고르시오.

1 (An Ottawa / Ottawa) is the capital city of Canada.

2 We have a little (time / times) for lunch.

3 The cook puts a spoonful of (sugar / sugars) in the food.

4 I borrowed some (money / moneys) from Paul.

B 빈칸에 알맞은 말을 쓰시오.

1 빵 두 덩이 ➡ two _____ of bread

2 물 한 병 ➡ a _____ of water

3 치즈 열 장 ➡ _____ _____ of cheese

A_어법 수정 어법상 **틀린** 부분을 바르게 고쳐서 문장을 다시 쓰시오.

1 Can you get two sheet paper for me?

➡ _____

2 Chocolate are good for your heart.

➡ _____

3 They bought two bottle of milks at the store.

➡ _____

B_문장 완성 우리말과 일치하도록 주어진 말을 이용하여 문장을 완성하시오.

1 Sally는 매일 아침 커피 한 잔을 마신다. (cup, coffee)

➡ Sally drinks _____ _____ _____ _____ every morning.

2 그는 어젯밤에 치킨 세 조각을 먹었다. (piece, chicken)

➡ He had _____ _____ _____ _____ last night.

3 밥통에 밥이 조금 있다. (a little, rice)

➡ There is _____ _____ _____ in the rice pot.

C_영작 우리말과 일치하도록 주어진 말을 이용하여 영어로 옮기시오.

1 우리는 버터가 조금 필요하다. (need, some, butter)

➡ _____

2 그들은 주스 두 잔을 주문했다. (order, glass, juice)

➡ _____

3 Sam은 작년에 많은 돈을 벌었다. (earn, a lot of, money)

➡ _____

4 우정은 우리에게 왜 중요할까? (friendship, important)

➡ _____

A 문장의 빈칸에 a나 an이 필요하면 ○표, 필요하지 않으면 ×표 하고, 문장을 다시 쓰시오.

1 We need _____ apple for the salad.

➡ _____

2 Sora went to _____ Russia in 2017.

➡ _____

3 There is _____ hospital near the station.

➡ _____

4 _____ coffee smells great on a rainy morning.

➡ _____

5 We want _____ love and peace in the world.

➡ _____

B 어법상 틀린 부분을 바르게 고쳐서 문장을 다시 쓰시오.

1 You need a fresh air now.

➡ _____

2 There is a loaf of water on the table.

➡ _____

3 Some animal in the zoo look unhappy.

➡ _____

4 I have three close friend.

➡ _____

5 Did you wash the dishs after dinner?

➡ _____

C 그림과 일치하도록 주어진 문장을 바꿔 다시 쓰시오.

1

There is a bench in the park.

➡ _____

2

I bought a loaf of bread and two bowls of soup.

➡ _____

3

A mouse is having some cheese on the table.

➡ _____

Real Test

다음 그림을 보고 여행에 필요한 물건에 대해 설명한 문장을 완성하시오.

I'm going to go on a trip tomorrow. For the trip,
I bought (1) _____
and (2) _____ today.
I will wear (3) _____
tomorrow. It may be a sunny day. So I will bring
(4) _____, too.

Focus 25 it의 다양한 쓰임

It's sunny and warm today.

오늘은 맑고 따뜻하다.

- 비인칭 주어 it은 시간, 요일, 날짜, 날씨, 거리, 명암을 나타내는 문장에서 뜻이 없는 주어로 쓰인다. 이때 비인칭 주어 it은 '그것은'이라고 해석하지 않는다.
- 대명사 it은 앞에 나온 단수 명사를 가리키는 대명사로 쓰이며, 이때 it은 '그것은, 그것을'이라고 해석한다. it의 소유격은 its(그것의)이다.

> **Note**
> 앞에 나온 복수 명사를 지칭하는 대명사는 they(주격), their(소유격), them(목적격)이다.

Quick Check Up

[정답 p. 11]

A 괄호 안에서 알맞은 말을 고르시오.

1 There is a cap on the desk. (It / This) is mine.

2 Kevin gave me a book. I read (it / them) last night.

3 Your shoes look great. Where did you buy (it / them).

4 I'll take this red shirt. I like (it / its) color.

B 밑줄 친 It의 쓰임으로 알맞은 것에 표시하시오.

1 <u>It</u> is an interesting game.   ☐ 대명사   ☐ 비인칭 주어

2 <u>It</u> is Thursday.   ☐ 대명사   ☐ 비인칭 주어

3 <u>It</u> is so hot and humid today.   ☐ 대명사   ☐ 비인칭 주어

4 <u>It</u> is twelve o'clock now.   ☐ 대명사   ☐ 비인칭 주어

5 I ate a piece of cake. <u>It</u> was delicious. ☐ 대명사   ☐ 비인칭 주어

6 <u>It</u> is about one kilometer from here.   ☐ 대명사   ☐ 비인칭 주어

7 <u>It</u> is August 15th.   ☐ 대명사   ☐ 비인칭 주어

8 <u>It</u> is dark outside.   ☐ 대명사   ☐ 비인칭 주어

[정답 p. 11]

A _어법 수정 어법상 틀린 부분을 바르게 고쳐서 문장을 다시 쓰시오.

1 This is already December. Time flies!

⇒ _____

2 He bought a new bike. They looked so great.

⇒ _____

3 The blouse looks cool. Can I try them on?

⇒ _____

4 That was still bright outside, but I had to go home.

⇒ _____

B _문장 완성 다음 질문에 알맞은 대답을 완성하시오.

1 A: How long does it take from here to the museum?

B: _____ _____ about 30 minutes by bus.

2 A: When is your birthday?

B: _____ January 10th.

3 A: How will the weather be tomorrow?

B: _____ _____ _____ cold and windy tomorrow.

C _영작 우리말과 일치하도록 주어진 말을 이용하여 영어로 옮기시오.

1 여기서부터 100미터 거리이다. (be, from here)

⇒ _____

2 나는 그것을 공원에서 잃어버렸다. (lose, at the park)

⇒ _____

3 그것은 나를 불안하게 한다. (make, nervous)

⇒ _____

Focus 26 재귀대명사

I enjoyed **myself** at the party.

나는 그 파티에서 즐겁게 보냈다.

- 재귀대명사는 '～ 자신, ～ 자체'라는 뜻을 가진 대명사로, 인칭대명사의 소유격이나 목적격에 -self나 -selves를 붙여서 만든다.
- 재귀대명사는 재귀용법과 강조용법 두 가지로 쓰인다. 재귀용법은 주어와 목적어가 가리키는 대상이 같을 때 목적어 자리에 쓰이며 생략할 수 없다. 강조용법은 주어나 목적어를 강조할 때 쓰이며 생략할 수 있다.

수	인칭	인칭대명사	재귀대명사
단수	1인칭	I	myself
	2인칭	you	yourself
	3인칭	he / she / it	himself / herself / itself
복수	1인칭	we	ourselves
	2인칭	you	yourselves
	3인칭	they	themselves

Note

재귀대명사의 강조 용법

강조용법으로 쓰인 재귀대명사는 강조하는 말 뒤나 문장의 뒤에 놓을 수 있으며, 생략할 수 있다. '직접, 스스로'라는 뜻으로 해석한다.

Quick Check Up

[정답 p. 11]

우리말과 일치하도록 괄호 안에서 알맞은 말을 고르시오.

1 그는 자신에 대한 말만 한다.

➡ He talks only about (him / himself).

2 네가 직접 이 음식을 만들었니?

➡ Did you make this food (you / yourself)?

3 우리는 우리 자신을 사랑해야 한다.

➡ We should love (us / ourselves).

4 그녀는 거울에 비친 그녀 자신을 보았다.

➡ She looked at (her / herself) in the mirror.

5 여러분에게 저에 대해 소개를 하겠습니다.

➡ Let me introduce (me / myself) to you.

A_어법 수정 어법상 틀린 부분을 바르게 고쳐서 문장을 다시 쓰시오.

1 Sora and Mina enjoyed themself at the concert.

➡ _____

2 I know me very well.

➡ _____

3 You should be proud of you.

➡ _____

4 The king herself gave me a prize.

➡ _____

B_문장 완성 우리말과 일치하도록 주어진 말을 이용하여 문장을 완성하시오.

1 그 작가는 자기 자신에 대한 이야기를 썼다. (she)

➡ The writer wrote a story about _____.

2 나 스스로는 시험 결과에 만족한다. (I)

➡ I _____ am satisfied with the exam result.

3 밖에서 보면 그 건물 자체는 좋아 보였다. (it)

➡ The building _____ looked nice from the outside.

C_영작 우리말과 일치하도록 주어진 말을 이용하여 영어로 옮기시오.

1 Jane은 자기 자신의 사진을 찍었다. (take a picture of)

➡ _____

2 나의 엄마는 파티에서 즐거운 시간을 보내셨다. (enjoy, at the party)

➡ _____

3 네가 직접 이 컴퓨터를 고쳤니? (fix)

➡ _____

신유형

A 주어진 말을 바르게 배열한 후, 문장을 해석하시오.

1 from here / about / is / five kilometers / it

➡ _____

해석: _____

2 Sora's / was / it / favorite doll

➡ _____

해석: _____

3 it / tomorrow / will / sunny and warm / be

➡ _____

해석: _____

4 yesterday / was / Thursday / it

➡ _____

해석: _____

B 밑줄 친 부분을 어법에 맞게 고쳐서 문장을 다시 쓰시오.

1 You don't need to talk all about <u>you</u> right now.

➡ _____

2 Jake and I enjoyed <u>us</u> at the picnic.

➡ _____

3 They painted the house <u>theirselves</u>.

➡ _____

4 The girl <u>himself</u> got the actor's autograph.

➡ _____

C 그림을 보고 대화를 완성하시오.

1

A: What is the date today?

B: _____ _____ _____.

2

A: What time is it now?

B: _____ _____ - _____.

3

A: What is the weather outside like?

B: _____ _____.

Real Test

그림의 상황을 보고 질문에 알맞은 말을 쓰시오.

1

Q: Who is Dan looking at?

A: _____

Q: What is Ann cutting with a knife?

Λ: _____

2

Q: Who is Dan looking at?

A: _____

Q: What happened to Ann?

B: _____

(재귀대명사를 사용할 것)

some/any, few/little

Henry eats **some** chocolate.

Henry는 약간의 초콜릿을 먹는다.

· some과 any는 셀 수 있는 명사, 셀 수 없는 명사와 함께 쓰이며, 긍정문, 의문문, 부정문에 따라 다르게 쓰인다.

some	약간(의), 조금(의)	긍정문, 의문문(요청, 제안)
any		부정문, 의문문

· few는 셀 수 있는 명사, little은 셀 수 없는 명사와 함께 쓰인다.

few / a few	거의 없는 / 조금 있는, 약간의	(a) few + 셀 수 있는 명사
little / a little		(a) little + 셀 수 없는 명사

Quick Check Up

[정답 p. 11]

A 괄호 안에서 알맞은 말을 고르시오.

1   The salad looks delicious. I'll have (any / some).

2   I can do it on my own. I don't need (any / some) help.

3   Fred puts (few / little) salt in his food.

4   Ted went to sleep (a few / a little) minutes ago.

5   A: Is there (any / some) butter in the refrigerator?
    B: Yes, there is (any / some).

B 우리말과 일치하도록 빈칸에 알맞은 말을 쓰시오.

1   그의 여동생은 프랑스어를 약간 할 수 있다.

    ⇒ His sister can speak _____ _____ French.

2   비 때문에 공원에는 사람이 거의 없었다.

    ⇒ _____ people were at the park because of the rain.

3   너는 부산의 괜찮은 식당을 아니?

    ⇒ Do you know _____ nice restaurants in Busan?

[정답 p. 12]

A _ 어법 수정 어법상 <u>틀린</u> 부분을 바르게 고쳐서 문장을 다시 쓰시오.

1 We didn't catch some fish, but they caught some.

➡ _____

2 I wanted any roses, but the flower shop didn't have any.

➡ _____

3 We will have a vacation for few days next week.

➡ _____

4 Lisa has little friends, but she doesn't feel lonely.

➡ _____

B _ 순서 배열 우리말과 일치하도록 주어진 말을 바르게 배열하시오.

1 그는 그 시험에서 약간의 실수를 했다. (made / mistakes / he / on the test / a few)

➡ _____

2 바구니에는 빵이 약간 있었다. (in the basket / there / bread / a little / was)

➡ _____

3 나의 엄마는 우리에게 주스를 만들어 주셨다. (us / some / my mom / juice / made)

➡ _____

C _ 영작 우리말과 일치하도록 주어진 말을 이용하여 영어로 옮기시오.

1 내가 너에게 돈을 좀 빌릴 수 있을까? (can, some, borrow, from you)

➡ _____

2 Brown 씨는 자신의 가족과 함께 할 시간을 거의 갖지 못한다. (have, time, with)

➡ _____

3 그녀는 인터넷으로 옷을 사지 않는다. (buy, any clothes, through the Internet)

➡ _____

28 one ~ the other ..., each/every/all

One is yours, and **the other** is mine.

하나는 너의 것이고 다른 하나는 내 것이다.

• 여러 개의 사물을 열거하며 표현할 때, one, another, other를 사용하여 나타낼 수 있다.

one ~, and the other ...	(둘 중) 하나는 ~, 그리고 나머지 하나는 ···
one ~, another ..., and the other -	(셋 또는 그 이상 중) 하나는 ~, 다른 하나는 ···, 그리고 나머지 하나는 –

• each는 '각자', every는 '모든', all은 '모든 (것)'이라는 뜻으로 쓰인다.

each	각자(의)	〈each + 단수명사 + 단수동사〉, 〈each of + 복수명사 + 단수동사〉
every	모든	〈every + 단수명사 + 단수동사〉
all	모든 (것)	〈all + 단수명사 + 단수동사〉, 〈all + 복수명사 + 복수동사〉

Quick Check Up

[정답 p. 12]

A 괄호 안에서 알맞은 말을 고르시오.

1 (All / Every) student will take an exam.

2 (Each / Every) of them listened to the music.

3 All the people in the city (was / were) so friendly.

4 (All / Each) house in the city looked great.

5 (All / Every) my friends saw the movie.

B 우리말과 일치하도록 one, other, another를 이용하여 문장을 완성하시오.

1 나는 두 개의 티셔츠를 샀다. 하나는 파란색이고, 다른 하나는 하얀색이다.

⇒ I bought two T-shirts. _____ is blue, and _____ _____ is white.

2 그는 세 가지 음식을 만들었다. 하나는 피자, 다른 하나는 스파게티, 나머지 하나는 샐러드였다.

⇒ He made three dishes. _____ was pizza, _____ was spaghetti, and _____ _____ was salad.

A _ 어법 수정 어법상 틀린 부분을 바르게 고쳐서 문장을 다시 쓰시오.

1 Each song have its own story.

➡ _____

2 She has two dogs. One is a Maltese, and other is a Shitzu.

➡ _____

3 Every children should get enough sleep.

➡ _____

4 All the happiness are inside of you.

➡ _____

B _ 순서 배열 우리말과 일치하도록 주어진 말을 바르게 배열하시오.

1 너희들 각자는 최선을 다해야 한다. (has to / each / you / your best / of / do)

➡ _____

2 모든 수업은 아침 9시에 시작한다. (at 9 / class / in the morning / every / begins)

➡ _____

3 이곳의 모든 음식은 훌륭했다. (here / excellent / the food / all / was)

➡ _____

C _ 영작 우리말과 일치하도록 주어진 말을 이용하여 영어로 옮기시오.

1 Ryan은 세 가지의 스포츠를 좋아한다. 하나는 야구이고, 다른 하나는 농구이며, 나머지 하나는 테니스이다. (like, sports)

➡ _____

2 저쪽에 두 여자가 있다. 한 명은 Jenny이고, 다른 한 명은 Ann이다. (woman, over there)

➡ _____

3 각 팀은 다른 팀들과 세 번의 경기를 한다. (play, with other teams)

➡ _____

A 밑줄 친 부분을 어법상 바르게 고쳐서 문장을 다시 쓰시오.

1 This robot vacuum cleaner makes <u>a few</u> noise.

➡ _____

2 I don't have <u>some</u> plans for the holidays.

➡ _____

3 Every <u>students have</u> their own locker at school.

➡ _____

4 There are two people in the coffee shop.
One is a woman, and <u>another</u> is a man.

➡ _____

_____

B 밑줄 친 부분을 지시대로 바꿔 문장을 다시 쓰시오.

1 They <u>have</u> some meat for steak. (부정문으로)

➡ _____

2 He added a few <u>nuts</u> to the salad. (yogurt로)

➡ _____

3 All the <u>money</u> in the box is yours. (letters로)

➡ _____

4 <u>Are there</u> any batteries for the clock? (긍정문으로)

➡ _____

5 We have a little <u>time</u> to rest. (hours로)

➡ _____

C 우리말과 일치하도록 주어진 말과 few, little을 활용하여 문장을 완성하시오.

1 영화관에는 사람들이 거의 없었다. (there, people)
⇒ _____ in the theater.

2 나의 여동생은 겨울에 물을 거의 마시지 않는다. (drink)
⇒ _____ in the winter.

3 그 기자는 그에게 몇 가지 질문을 했다. (the reporter, ask, question)
⇒ _____

D 우리말과 일치하도록 주어진 말을 이용하여 문장을 완성하시오.

1 모든 사람은 법 앞에 평등하다. (all, people, equal)
⇒ _____ before the law.

2 사람들은 각각 자신만의 성격이 있다. (each, person, have)
⇒ _____ his or her own character.

3 그 마을의 모든 지붕이 독특해 보인다. (every, roof in the town, look)
⇒ _____ unique.

Real Test

그림을 보고 one과 the other를 이용하여 문장을 완성하시오.

1
A girl is holding three balloons.
_____

2
Two boys are lying on the grass.
_____

Focus 29 형용사의 역할과 위치

Jessica is a **nice** girl. She is **kind** to me.

Jessica는 착한 소녀이다. 그녀는 내게 친절하다.

- 형용사는 명사 앞에서 명사를 꾸며준다. 단, -thing, -body, -one으로 끝나는 부정대명사는 형용사가 뒤에서 꾸며준다.
- 형용사가 보어로 쓰이면 동사나 목적어 뒤에 온다. (참조: Focus 20, 22)

> **Note**
> 형용사를 보어로 취하는 동사
> 감각동사: feel, look, seem, smell, taste 등
> 상태동사: be, become, get, keep, stay 등

Quick Check Up

[정답 p. 12]

A 괄호 안에서 알맞은 말을 고르시오.

1 She wants some (cold water / water cold).

2 The boys want (cold something / something cold).

3 The song sounded (great / greatness). I was so (happiness / happy).

4 He told me a (sad / sadly) story. It made me (sad / sadly).

B 우리말과 일치하도록 주어진 말을 이용하여 문장을 완성하시오.

1 그 어린 소년은 큰 상자를 들고 있었다. (little, big)

   ➡ The _____ _____ was holding a _____ _____.

2 이 코트는 너를 따뜻하게 해 줄 것이다. (keep, warm)

   ➡ This coat will _____ _____ _____.

3 나는 이 책에서 재미있는 어떤 것도 찾을 수 없었다. (interesting, anything)

   ➡ I couldn't find _____ _____ in this book.

A_문장 전환 주어진 말을 알맞은 곳에 넣어 문장을 다시 쓰시오.

1 Mia is a student. (smart) ➡ _____

2 There is a robot on the floor. (useful) ➡ _____

3 Do you want anything? (exciting) ➡ _____

4 The boy was standing over there. (tall) ➡ _____

B_순서 배열 우리말과 일치하도록 주어진 말을 바르게 배열하시오.

1 그 호텔은 깨끗하고 조용했다. (was / and / quiet / the hotel / clean)

➡ _____

2 그것은 신선해 보이고 맛있는 냄새가 난다. (delicious / looks / it / smells / and / fresh)

➡ _____

3 불을 끄는 것은 힘들고 위험한 직업이다. (job / firefighting / a hard and dangerous / is)

➡ _____

4 나는 그 영화가 지루하다는 것을 알았다. (found / I / boring / the movie)

➡ _____

C_영작 우리말과 일치하도록 주어진 말을 이용하여 영어로 옮기시오.

1 그 강아지는 귀가 길고 다리가 짧다. (have, long, short)

➡ _____

2 사람들은 새로운 무언가를 원한다. (want, new, something)

➡ _____

3 그 소파는 편안해 보였다. (look, comfortable)

➡ _____

4 그 소식은 우리를 기쁘게 했다. (news, make, delighted)

➡ _____

Focus 30 부사의 역할과 위치

Kelly **often** wears blue jeans.

Kelly는 자주 청바지를 입는다.

- 부사는 동사, 형용사, 다른 부사, 문장 전체를 꾸며주는 역할을 하며, 〈형용사 + -ly〉의 형태가 많다.

- 부사는 형용사나 다른 부사를 꾸며줄 때는 형용사나 부사 앞에 오고, 동사를 꾸며줄 때는 동사 뒤나 목적어 뒤에 온다. 문장 전체를 꾸며줄 때는 보통 문장 처음에 온다.

- never(결코 ~않는), sometimes(가끔), often(자주), usually(보통, 대개), always(항상) 등의 빈도부사는 be동사나 조동사 뒤, 일반동사 앞에 쓴다.

대부분의 부사	형용사 + -ly	nice → nicely	careful→ carefully
-y로 끝나는 형용사의 부사	y → i + -ly	easy → easily	happy → happily
-le로 끝나는 형용사의 부사	-le → -ly	gentle → gently	simple → simply
-ue로 끝나는 형용사의 부사	e를 없애고 + -ly	true → truly	
형용사와 형태가 같은 부사	fast(빠른, 빨리), high(높은, 높게), late(늦은, 늦게), early(이른, 일찍), hard(힘든, 열심히)		
예외	good → well		

> **Note**
> 형용사와 형태가 같은 부사에 -ly를 붙이면 다른 뜻이 된다.
> - high → highly(매우)
> - late → lately(최근에)
> - hard → hardly(거의 ~않는)

Quick Check Up

[정답 p. 13]

A 괄호 안에서 알맞은 말을 고르시오.

1   My parents were (real / really) busy last year.

2   Sally was smiling (happyly / happily) then.

3   You worked so (hard / hardly). You did (good / well).

4   Ben (was often / often was) angry at me.

B 밑줄 친 부분을 어법상 알맞은 형태로 고치시오.

1   The store <u>opens always</u> at 10 in the morning. ➡ _____

2   A balloon was flying <u>fastly</u> into the sky. ➡ _____

3   <u>Fortunate</u>, our team won the game <u>easy</u>. ➡ _____

4   Jim and I <u>will forget never</u> your advice. ➡ _____

A _ 문장 전환 주어진 말을 알맞은 곳에 넣어 문장을 다시 쓰시오.

1 Tom drives to work. (usually) ➡ _____

2 Your help will be necessary. (often) ➡ _____

3 She is a fast learner. (very) ➡ _____

4 I touched the cat. (softly) ➡ _____

B _ 순서 배열 우리말과 일치하도록 주어진 말을 바르게 배열하시오.

1 그 여자는 때때로 주위를 두리번거렸다. (looked / sometimes / the woman / around)

➡ _____

2 그는 모두에게 매우 친절하게 대한다. (he / everyone / nicely / treats / so)

➡ _____

3 놀랍게도, 그 거북이는 300살이었다. (300 years old / the turtle / surprisingly / was)

➡ _____

4 그는 내 질문에 솔직하게 대답했다. (my question / honestly / he / answered)

➡ _____

C _ 영작 우리말과 일치하도록 주어진 말을 이용하여 영어로 옮기시오.

1 Paul은 항상 자신의 건강에 대해 걱정한다. (worry, health, always)

➡ _____

2 오늘 아침 비가 세차게 내렸다. (It, heavy)

➡ _____

3 나의 아빠는 오늘 늦게 귀가하셨다. (come home, late)

➡ _____

4 그 식당은 일요일마다 문을 일찍 닫는다. (close, early, on Sundays)

➡ _____

A 밑줄 친 부분을 어법상 바르게 고쳐서 문장을 다시 쓰시오.

1 I need <u>different something</u> for dinner.

➡ _____

2 He studied history so <u>hardly</u>.

➡ _____

3 Jessica <u>has to often</u> take care of her little sister.

➡ _____

4 The secret to my success is very <u>simply</u>.

➡ _____

5 You <u>never must borrow</u> money from your friends.

➡ _____

빈출 유형

B 의미가 통하도록 주어진 말을 활용하여 문장을 완성하시오.

1 careful   Jeongmi is a _____ driver.

She drives _____ .

2 good   The game was _____ .

The players did _____ at the game.

3 easy   The question is very _____ .

You can solve it _____ .

4 true   This is a _____ story.

It is _____ amazing.

C 보기에서 알맞은 말을 찾아 다음 우리말을 영어로 옮기시오.

> 보기   strangely   luckily   honestly   sadly

1 다행스럽게도, 그는 그 콘서트 표를 샀다.

➡ _____

2 이상하게도, 나는 오늘 피곤하다.

➡ _____

3 슬프게도, 나의 개가 어제 죽었다.

➡ _____

4 솔직히, 나는 너의 이름이 기억나지 않는다.

➡ _____

Real Test

Lisa가 건강 유지를 위해 할 일을 쓴 표를 보고 빈도부사를 이용하여 문장을 완성하시오.

반드시 하는 일	자주 하는 일	절대 하지 않는 일
• have breakfast • sleep before 10 p.m.	• lift weights • walk for 30 minutes	• drink coke • sit for a long time

Lisa keeps healthy. She makes some rules for it.

1 She _____ .

2 She _____ .

3 She _____ .

4 She _____ .

5 She _____ .

6 She _____ .

비교급

Ron is **taller than** his brother.

Ron은 그의 형보다 키가 더 크다.

- 두 대상을 비교하는 표현은 〈형용사·부사의 비교급 + than ～〉(～보다 더 …한/하게)의 형태로 쓴다.
- 비교급은 형용사와 부사의 원급에 -(e)r을 붙여 만들고, 불규칙하게 변하는 형용사와 부사도 있다.

규칙 변화	대부분의 형용사와 부사	+ -er	tall – taller	fast – faster
	-e로 끝나는 경우	+ -r	nice – nicer	late – later
	〈자음 + y〉로 끝나는 경우	y → i + -er	busy – busier	early – earlier
	〈단모음 + 단자음〉으로 끝나는 경우	자음 추가 + er	hot – hotter	big – bigger
	2음절 이상의 형용사와 부사가 -ful, -ous, -ing, -ive로 끝나는 경우	more + 원급	polite – more polite careful – more careful slowly – more slowly	
불규칙 변화	good/well – better bad/ill – worse many/much – more little – less			

Quick Check Up

[정답 p. 13]

A 괄호 안에서 알맞은 말을 고르시오.

1 Jack looks (oldder / older) than Sally.

2 His shoes are (biger / bigger) than mine.

3 My dad is (busyer / busier) than my mom.

4 I like him (much / more) than you do.

B 우리말과 일치하도록 주어진 말을 이용하여 문장을 완성하시오.

1 Daniel은 Andy보다 더 인기가 많다. (popular)

⇒ Daniel is _____ _____ _____ Andy.

2 나는 너보다 적은 만화책을 갖고 있다. (few)

⇒ I have _____ comic books _____ you.

3 그는 나보다 영어를 더 잘한다. (good)

⇒ He speaks English _____ _____ I.

A _ 어법 수정 밑줄 친 부분을 바르게 고쳐서 문장을 다시 쓰시오.

1 My hair is <u>long</u> than yours.

➡ _____

2 The tablet PC is <u>expensiver</u> than the computer.

➡ _____

3 Mia eats <u>slowlier</u> than Kelly.

➡ _____

4 Is Tom <u>thiner</u> than you?

➡ _____

B _ 순서 배열 우리말과 일치하도록 주어진 말을 바르게 배열하시오.

1 건강보다 더 중요한 것은 무엇인가요? (more / health / is / what / important / than)

➡ _____

2 이 상자가 저 상자보다 더 무거워 보인다. (heavier / that one / looks / than / this box)

➡ _____

3 너의 카메라는 내 것보다 더 쓸모 있다. (mine / your camera / more useful / is / than)

➡ _____

C _ 영작 우리말과 일치하도록 주어진 말을 이용하여 영어로 옮기시오.

1 오늘은 어제보다 더 나쁘다. (bad)

➡ _____

2 그 여자는 우리보다 부자이다. (rich)

➡ _____

3 골프공은 테니스공보다 작다. (small)

➡ _____

32 최상급

You are **the fastest** runner in our school.

너는 우리 학교에서 가장 빠른 주자이다.

- 셋 이상의 대상을 비교하여 가장 최고를 말하는 표현은 〈the + 형용사/부사의 최상급〉(가장 …한/하게)의 형태로 쓴다. 최상급 뒤에 비교 대상을 나타낼 때는 〈of + 복수명사〉 또는 〈in + 장소/범위를 나타내는 단수명사〉를 쓴다.
- 최상급은 형용사와 부사의 원급에 -(e)st를 붙여 만들고, 불규칙하게 변하는 형용사와 부사도 있다.

규칙 변화	대부분의 형용사와 부사	+ -est	tall – taller – tallest fast – faster – fastest
	-e로 끝나는 경우	+ -st	nice – nicer – nicest late – later – latest
	〈자음 + y〉로 끝나는 경우	y → i + -est	busy – busier – busiest early – earlier – earliest
	〈단모음 + 단자음〉으로 끝나는 경우	자음 추가 + est	hot – hotter – hottest big – bigger – biggest
	2음절 이상의 형용사와 부사가 -ful, -ous, -ing, -ive로 끝나는 경우	most + 원급	polite – more polite – most polite careful – more careful – most careful slowly – more slowly – most slowly
불규칙 변화	good/well – better – best bad/ill – worse – worst many/much – more – most little – less – least		

Quick Check Up

[정답 p. 13]

A 괄호 안에서 알맞은 말을 고르시오.

1 This is the (hotter / hottest) place these days.

2 You are (happiest / the happiest) of us.

3 He is the busiest (in / of) them all.

4 Sally is the (more beautiful / most beautiful) in my class.

B 우리말과 일치하도록 주어진 말을 이용하여 문장을 완성하시오.

1 현우가 그 경기에서 최고의 선수였다. (good)

➡ Hyeonwu was _____ _____ player in the game.

2 Tyler가 네 사람 중 가장 빨리 대답했다. (quick)

➡ Tyler answered _____ _____ _____ the four.

A_어법 수정 밑줄 친 부분을 바르게 고쳐 문장을 다시 쓰시오.

1 This is the <u>old</u> tree in our town.

➡ _____

2 This road is the <u>more crowded</u> on weekends.

➡ _____

3 When was the <u>worse</u> time of your life?

➡ _____

4 Andy was the smartest <u>in</u> all the students.

➡ _____

B_순서 배열 우리말과 일치하도록 주어진 말을 바르게 배열하시오.

1 오늘은 20년 만에 가장 추운 날이다. (20 years / the / day / today / in / coldest / is)

➡ _____

2 이 문제가 가장 쉬웠다. (was / question / the / this / easiest)

➡ _____

3 그는 옷에 가장 적은 돈을 쓴다. (money / he / least / on clothes / spends / the)

➡ _____

C_영작 우리말과 일치하도록 주어진 말을 이용하여 영어로 옮기시오.

1 John은 그의 반에서 최고의 작가이다. (good, writer)

➡ _____

2 사막에서는 낙타가 가장 유용한 동물이다. (camels, desert, useful)

➡ _____

3 이것이 모든 것들 중에서 가장 싼 호텔이다. (cheap, all)

➡ _____

A 우리말과 일치하도록 주어진 말을 바르게 배열하시오.

1 strong

Sam은 Greg보다 힘이 세다.   ➡ Sam is _____ _____ Greg.

Sam은 우리들 중에서 가장 힘이 세다.   ➡ Sam is the _____ of us.

2 early

그녀는 나보다 일찍 일어난다.   ➡ She gets up _____ _____ I.

그녀는 나의 가족 중 가장 일찍 일어난다.   ➡ She gets up _____ _____ in my family.

3 much

Ann은 축구보다 야구를 좋아한다.   ➡ Ann likes baseball _____ _____ soccer.

Ann은 야구를 가장 좋아한다.   ➡ Ann likes baseball _____ _____ .

4 important

품질이 가격보다 더 중요하다.   ➡ Quality is _____ _____ _____ price.

품질이 가장 중요하다.   ➡ Quality is _____ _____ _____ .

빈출 유형

B 빈칸에 알맞은 말을 보기 에서 골라 알맞은 형태로 바꿔 쓰시오.

보기   large   interesting   much   difficult

1 I want some juice _____ than I want milk.

2 This T-shirt is the _____ in the store.

3 I don't like math. It is the _____ _____ subject for me.

4 The drama is _____ _____ than the book.

C 다음 정보를 보고 주어진 단어를 활용하여 세 노트북을 비교하는 문장을 보기 와 같이 두 개씩 쓰시오.

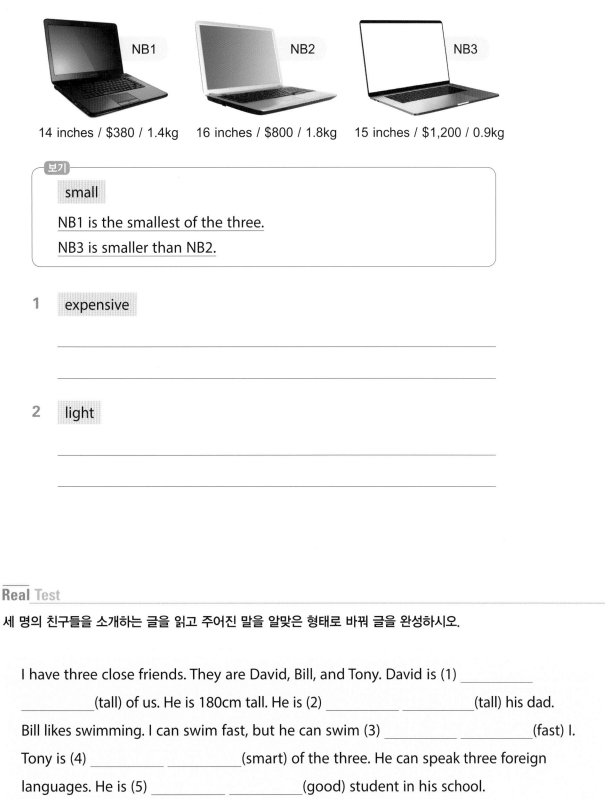

14 inches / $380 / 1.4kg   16 inches / $800 / 1.8kg   15 inches / $1,200 / 0.9kg

보기

small

NB1 is the smallest of the three.
NB3 is smaller than NB2.

1 expensive

_____

_____

2 light

_____

_____

Real Test

세 명의 친구들을 소개하는 글을 읽고 주어진 말을 알맞은 형태로 바꿔 글을 완성하시오.

I have three close friends. They are David, Bill, and Tony. David is (1) _____

_____(tall) of us. He is 180cm tall. He is (2) _____ _____(tall) his dad.

Bill likes swimming. I can swim fast, but he can swim (3) _____ _____(fast) I.

Tony is (4) _____ _____(smart) of the three. He can speak three foreign

languages. He is (5) _____ _____(good) student in his school.

Focus 33 목적어 역할을 하는 to부정사

I want **to be** a doctor.
나는 의사가 되고 싶다.

- to부정사는 〈to + 동사원형〉의 형태로 쓰이며, 명사적 용법으로 쓰이는 경우, 명사처럼 문장에서 주어, 보어, 목적어 역할을 한다. '~하는 것, ~하기'라고 해석한다.
- to부정사의 부정은 〈not + to부정사〉의 형태로 쓴다.
- to부정사를 목적어로 취하는 동사에는 want, need, decide, plan, promise, hope, like, begin 등이 있다.

to부정사의 명사적 용법	형태	역할	의미
	to + 동사원형	주어, 보어, 목적어	~하는 것, ~하기

Quick Check Up

[정답 p. 14]

A 괄호 안에서 알맞은 말을 고르시오.

1 She wants (watch / to watch) horror movies.

2 I began (learn / to learn) Spanish last week.

3 You need (to wash / washing) your face.

4 He decided (to not / not to) go there.

5 We hope (travel / to travel) on the Siberian Railway.

B 우리말과 일치하도록 주어진 말을 이용하여 문장을 완성하시오.

1 나는 영어를 유창하게 말하고 싶다. (speak)

   ➡ I want _____ _____ English fluently.

2 Kelly는 1년 동안 태평양을 항해할 계획이다. (sail)

   ➡ Kelly plans _____ _____ the Pacific Ocean for a year.

3 소라는 모임에 늦지 않겠다고 약속했다. (late)

   ➡ Sora promised _____ _____ _____ _____ for the meeting.

A_어법 수정 밑줄 친 부분을 바르게 고쳐서 문장을 다시 쓰시오.

1 She wants to <u>lost</u> 5kg in a year.

➡ _____

2 Are you planning <u>have</u> a party next weekend?

➡ _____

3 I hope <u>meeting</u> Sally again someday.

➡ _____

B_순서 배열 우리말과 일치하도록 주어진 말을 바르게 배열하시오.

1 그들은 함께 기타를 치고 싶어 한다. (play / want / the guitar / they / together / to)

➡ _____

2 너는 우유를 살 필요가 있니? (need / do / some / buy / you / to / milk)

➡ _____

3 나의 여동생은 크게 울기 시작했다. (cry / began / my sister / to / loudly)

➡ _____

C_영작 우리말과 일치하도록 주어진 말을 이용하여 영어로 옮기시오.

1 너는 지금 쉴 필요가 있다. (need, take a rest)

➡ _____

2 Jack은 나와 온라인 게임을 하는 것을 좋아한다. (like, play, online games)

➡ _____

3 너는 이 호텔에 머물고 싶니? (want, stay at)

➡ _____

4 나의 할아버지는 북한에 있는 형제들을 만나고 싶어 하셨다. (hope, meet, North Korea)

➡ _____

Focus 34 주어와 보어 역할을 하는 to부정사

To swim is not easy.

수영하는 것은 쉽지 않다.

- 주어로 쓰인 to부정사는 단수 취급하여 뒤에 단수 동사가 온다.
- to부정사가 be동사의 주격보어로 쓰여 주어를 보충 설명해 준다.
- 주어로 쓰인 to부정사가 길 때는 주어 자리에 it을 쓰고 to부정사를 뒤로 보낸다. 이때 it을 가주어, to부정사(구)를 진주어라고 한다.

    e.g. **To ride a horse** is very interesting. (말을 타는 것은 매우 흥미롭다.)

    → **It** is very interesting **to ride a horse**. (It은 가주어, to ride a horse가 진주어)

Quick Check Up

[정답 p. 14]

A 괄호 안에서 알맞은 말을 고르시오.

1 My dream is (be / to be) a lawyer.

2 (Sing / To sing) this song is difficult for me.

3 (It / This) is exciting to ride a skateboard.

4 His plan was (not to / not) have junk food.

5 To collect coins (is / are) very interesting.

B 우리말과 일치하도록 주어진 말을 빈칸에 알맞은 형태로 바꿔 쓰시오.

1 친구들과 함께 시간을 보내는 것은 행복하다. (spend)

    ⇒ It is happy _____ _____ time with friends.

2 그녀의 목표는 세종기지에서 일하는 것이다. (work)

    ⇒ Her goal is _____ _____ at the King Sejong Station.

3 너무 많은 사탕을 먹지 않는 것이 좋다. (eat)

    ⇒ It is good _____ _____ _____ too many sweets.

4 나의 아빠의 소망은 세계를 여행하는 것이었다. (travel)

    ⇒ My dad's wish was _____ _____ around the world.

A_어법 수정 밑줄 친 부분을 바르게 고쳐서 문장을 다시 쓰시오.

1 It is difficult <u>to lived</u> with others.

➡ _____

2 My plan is to <u>walking</u> around the island.

➡ _____

3 <u>That</u> was exciting to ride a water slide.

➡ _____

4 To answer the questions <u>are</u> not easy for me.

➡ _____

B_순서 배열 우리말과 일치하도록 주어진 말을 바르게 배열하시오.

1 외국어를 배우는 것은 재미있다. (learn / interesting / to / it / a foreign language / is)

➡ _____

2 우리의 소망은 건강하게 사는 것이다. (is / a healthy life / our wish / live / to)

➡ _____

3 마라톤을 뛰는 것은 나에게 도전이었다. (for me / was / to / a challenge / run a marathon)

➡ _____

C_영작 우리말과 일치하도록 주어진 말을 이용하여 영어로 옮기시오.

1 그의 꿈은 사회 사업가가 되는 것이다. (dream, social worker)

➡ _____

2 돈을 모으는 것은 쉽지 않다. (it, save, easy)

➡ _____

3 책 한 권을 쓰는 것은 시간이 많이 걸린다. (write, take, much)

➡ _____

A 우리말과 일치하도록 주어진 말을 이용하여 문장을 완성하시오.

1 내 목표는 세계에서 가장 높은 건물을 만드는 것이다. (build, tall)

⇒ My goal is _____ _____ _____ _____ _____ in the world.

2 Dan은 그가 가장 좋아하는 가수를 보기를 희망한다. (hope, see)

⇒ Dan _____ _____ _____ his favorite singer.

3 공공장소에서 드론을 날리는 것은 위험하다. (dangerous, fly)

⇒ _____ _____ _____ _____ _____ a drone in public places.

4 그의 가족은 정원이 있는 집에 살기로 결정했다. (decide, live)

⇒ His family _____ _____ _____ in a house with a garden.

5 Lisa는 다시는 거짓말을 하지 않겠다고 약속했다. (promise, tell)

⇒ Lisa _____ _____ _____ _____ a lie again.

B 주어진 단어를 활용하여 각 학생들의 계획에 대해 쓰시오.

> 보기
>
> lose some weight, eat less and exercise more
>
> Minho wants to lose some weight.
> His plan is to eat less and exercise more.

1 get good grades, study every day

Ed _____ .

_____

2 help her mother, wash the dishes after dinner

Mia _____ .

_____

C 보기 에서 알맞은 표현을 골라 다음 우리말을 영어로 옮기시오.

보기   draw some pictures   read the novel   save the environment

1   Greg의 계획은 그림을 그리는 것이다.

   ➡ _____

2   환경을 보호하는 것은 어렵지 않다.

   ➡ It _____ .

3   소라는 그 소설을 읽기 시작했다.

   ➡ Sora _____ .

Real Test

다음 글을 읽고 주어진 말을 이용하여 우리말을 영어로 옮기시오.

1
   Mr. Lee bought a car last month. (1) 그는 자신의 차를 운전하는 것을 좋아한다. He washes his car every day. (2) 그의 꿈은 자신의 차로 전국을 여행하는 것이다.

(1) drive   _____

(2) travel, around the country, in

   _____

2
   (1) Sarah는 그녀의 오래된 옷을 리폼하는 것을 좋아한다. She made a nice bag from her old T-shirt. Also, she can make her own clothes. (2) 그녀의 꿈은 패션디자이너가 되는 것이다. She will be a great designer.

(1) reform, old clothes   _____

(2) fashion designer   _____

형용사적 용법의 to부정사

He has some work **to do.**

그는 할 일이 좀 있다.

- to부정사가 형용사처럼 명사나 대명사를 꾸며줄 때는 '~하는, ~할'이라고 해석한다. 이때 to부정사는 반드시 명사나 대명사 뒤에 온다.
- to부정사가 꾸며주는 명사나 대명사가 전치사의 목적어일 때는 반드시 〈명사 + to부정사 + 전치사〉의 형태로 써야 한다.

to부정사의 형용사적 용법	형태	역할	의미
	명사 + to + 동사원형 명사 + to + 동사원형 + 전치사	명사나 대명사를 수식	~하는, ~할

> **Note**
> 〈명사 + to부정사 + 전치사〉 표현
> • a pen to write **with** (쓸 펜) ← write with a pen
> • a friend to play **with** (함께 놀 친구) ← play with a friend
> • a house to live **in** (살 집) ← live in a house
> • a chair to sit **on** (앉을 의자) ← sit on a chair

Quick Check Up

[정답 p. 15]

우리말과 일치하도록 알맞은 말을 고르시오.

1 Sam은 볼 책을 원한다. ⇒ Sam wants ☐ a book to read.
　　　　　　　　　　　　　　　　　　　　☐ to read a book.

2 여기 앉을 벤치가 하나 있다. ⇒ Here is a bench ☐ to sit.
　　　　　　　　　　　　　　　　　　　　　☐ to sit on.

3 나는 함께 놀 친구가 필요하다. ⇒ I need a friend ☐ to play.
　　　　　　　　　　　　　　　　　　　　　☐ to play with.

4 Ron은 할 일이 많다. ⇒ Ron has many things ☐ to do.
　　　　　　　　　　　　　　　　　　　　　　☐ to do with.

5 너는 물어볼 질문이 있니? ⇒ Do you have ☐ any questions to ask?
　　　　　　　　　　　　　　　　　　　　☐ to ask any questions?

A _ 어법 수정 어법상 **틀린** 부분을 바르게 고쳐서 문장을 다시 쓰시오.

1 Sapporo is a good city visit in the winter.

➡ _____

2 I need a piece of paper to write.

➡ _____

3 She is looking for a cap to wear on.

➡ _____

4 Everyone wants a house to live with.

➡ _____

B _ 순서 배열 우리말과 일치하도록 주어진 말을 바르게 배열하시오.

1 각 팀은 토론할 주제를 선택했다. (chose / discuss / each team / a topic / to)

➡ _____

2 요즘에 볼 드라마가 없다. (these days / watch / there / any dramas / to / aren't)

➡ _____

3 그는 대화를 할 친구가 없다. (few friends / he / talk / to / has / to)

➡ _____

C _ 영작 우리말과 일치하도록 주어진 말을 이용하여 영어로 옮기시오.

1 우리는 머무를 좋은 호텔을 찾지 못했다. (find, nice, stay)

➡ _____

2 냉장고에 먹을 것이 있다. (there, something, eat, refrigerator)

➡ _____

3 나는 봄에 입을 스웨터를 하나 샀다. (buy, sweater, wear)

➡ _____

Focus 36 부사적 용법의 to부정사

We went to the airport **to see her off.**

우리는 그녀를 배웅하기 위해 공항에 갔다.

- to부정사가 부사처럼 동사, 형용사, 부사, 문장 전체를 꾸밀 때는 문맥에 따라 목적(～하기 위해), 감정의 원인(～해서, ～하게 되어) 등으로 해석한다.
- 목적의 뜻을 강조하기 위해 to부정사를 〈in order to + 동사원형〉으로 바꿔 쓸 수 있다.
- to부정사가 감정을 나타내는 형용사 glad, happy, nice, sorry, good 등의 다음에 쓰이면 감정의 원인을 나타낸다.

to부정사의 부사적 용법	형태	역할	의미
	to + 동사원형	동사, 형용사, 부사, 문장 전체 수식	목적(～하기 위해) 감정의 원인(～해서, ～하게 되어)

Quick Check Up

[정답 p. 15]

밑줄 친 부분의 뜻으로 알맞은 것을 고르시오.

1   We went there <u>to meet him</u>.
☐ 그를 만나기 위해
☐ 그를 만나서

2   We are so happy <u>to meet him</u>.
☐ 그를 만나기 위해
☐ 그를 만나서

3   Sam saved money <u>to buy the house</u>.
☐ 그 집을 사기 위해
☐ 그 집을 사서

4   Sam was pleased <u>to buy the house</u>.
☐ 그 집을 사기 위해
☐ 그 집을 사서

5   I felt sad <u>to hear the news</u>.
☐ 그 소식을 듣기 위해
☐ 그 소식을 들어서

6   I called him <u>to hear the news</u>.
☐ 그 소식을 듣기 위해
☐ 그 소식을 들어서

Basic Training [정답 p. 15]

A_문장 완성 우리말과 일치하도록 주어진 말을 이용하여 문장을 완성하시오.

1 Paul은 그 버스를 타기 위해 버스정류장으로 달려갔다. (catch the bus)

➡ Paul ran to the bus stop _____ _____ _____ _____.

2 우리는 너에게서 소식을 듣게 되어 기쁘다. (glad, hear)

➡ We are _____ _____ _____ from you.

3 Robert는 그 게임을 보기 위해 TV를 켰다. (watch the game)

➡ Robert turned on the TV _____ _____ _____ _____.

4 나는 여기서 그를 보게 되어 매우 놀랐다. (surprised, see)

➡ I was so _____ _____ _____ _____ here.

B_순서 배열 우리말과 일치하도록 주어진 말을 바르게 배열하시오.

1 그녀는 오디션에 통과해서 행복했다. (happy / the audition / she / to / was / pass)

➡ _____

2 도하는 외출하기 위해 옷을 갈아입었다. (Doha / go out / clothes / changed / to / his)

➡ _____

3 그는 환기를 시키려고 창문을 열었다. (opened / some air / to / he / the window / let in)

➡ _____

C_영작 우리말과 일치하도록 주어진 말을 이용하여 영어로 옮기시오.

1 우리는 너를 돕기 위해 여기에 왔다. (come, help, order)

➡ _____

2 그는 잠을 깨려고 커피를 많이 마신다. (drink, lots of, wake up)

➡ _____

3 그 스케이트 선수는 신기록을 세우게 되어서 흥분되었다. (be, excited, set a new record)

➡ _____

빈출 유형

A 두 문장을 to부정사를 활용하여 한 문장으로 바꿔 쓰시오.

1 We went to the museum. We wanted to see Van Gogh's paintings.

➡ _____

2 I heard about his wedding. I was very surprised.

➡ _____

3 She needs a toy. She will play with the toy during the break.

➡ _____

4 He had to hurry. He didn't want to be late for school.

➡ _____

B 우리말과 일치하도록 보기 의 동사를 활용하여 문장을 완성하시오.

> 보기   tell   do   take care of   rest   write

1 그는 쓸 공책 한 권이 필요하다.

➡ He needs _____ _____ _____ _____ _____.

2 나는 너에게 무언가 할 말이 있다.

➡ I have _____ _____ _____ _____.

3 Lisa는 오늘 쉴 시간이 없었다.

➡ Lisa didn't have _____ _____ _____ today.

4 우리는 돌볼 아이들이 두 명 있다.

➡ We have _____ _____ _____ _____ _____.

5 Joe는 이번 달에 할 일이 많다.

➡ Joe has _____ _____ _____ _____ _____ this month.

C 주어진 말을 이용하여 그림을 설명하는 문장을 완성하시오. (과거시제로 쓸 것)

>  보기
>
> library, borrow some books
>
> He went to the library to borrow some books.

1

sad, lose the game

_____

2

wait in line, buy a ticket

_____

Real Test

다음 글을 읽고 주어진 말을 이용하여 우리말을 영어로 옮기시오.

Are you planning to visit London? You should take The London Eye. (1) 그것은 런던의 멋진 풍경을 볼 수 있는 최고의 장소입니다. The London Eye tour will take about 30 minutes. It is open from 10 a.m. to 8:30 p.m. every day. Do you want to save money? (2) 10퍼센트 할인을 받으려면 온라인으로 티켓을 사야 합니다. For more information, please visit the official website.

(1) good place, enjoy a great view of

It is _____ .

(2) tickets online, get, a 10% discount

You should buy _____ .

Focus 37 동명사의 쓰임

Drinking coffee isn't good for you.

커피를 마시는 것은 너에게 좋지 않다.

- 동명사는 〈동사원형 + ing〉의 형태로 쓰이며, 명사처럼 문장에서 주어, 보어, 목적어 역할을 한다. '～하는 것, ～하기' 라고 해석한다.
- 주어로 쓰인 동명사는 3인칭 단수 취급하며 뒤에 단수동사가 온다.
- 동명사를 목적어로 취하는 동사에는 enjoy, finish, keep, mind, avoid, stop, give up, like, begin 등이 있다.

동명사	형태	역할	의미
	동사원형-ing	주어, 보어, 목적어 역할	～하는 것, ～하기

> **Note**
> like, begin은 to부정사와 동명사 모두를 목적어로 쓸 수 있다.

Quick Check Up

[정답 p. 15]

A 괄호 안에서 알맞은 말을 고르시오.

1 (Walk / Walking) every day can be good exercise.

2 His favorite pastime is (play / playing) mobile games.

3 Eating apples (is / are) better than drinking apple juice.

4 My mom finished (bake / baking) some cookies.

B 우리말과 일치하도록 주어진 말을 이용하여 문장을 완성하시오.

1 우리는 함께 음악 듣는 것을 즐겼다. (listen to music)

　➡ We enjoyed ＿＿＿＿ ＿＿＿＿ ＿＿＿＿ together.

2 그녀가 매일 하는 일은 아침에 화초에 물을 주는 것이다. (water the plants)

　➡ Her daily work is ＿＿＿＿ ＿＿＿＿ ＿＿＿＿ in the morning.

3 여기서 수영하는 것은 매우 위험할지도 모른다. (swim)

　➡ ＿＿＿＿ here may be very dangerous.

4 그는 작년에 은행에서 일하기 시작했다. (work at the bank)

　➡ He began ＿＿＿＿ ＿＿＿＿ ＿＿＿＿ ＿＿＿＿ last year.

A_어법 수정 어법상 <u>틀린</u> 부분을 바르게 고쳐서 문장을 다시 쓰시오.

1 My job is take pictures of animals in nature.

➡ _____

2 The soccer players kept played in the rain.

➡ _____

3 Traveling with my friends were great fun.

➡ _____

4 Do you mind to open the window?

➡ _____

B_순서 배열 우리말과 일치하도록 주어진 말을 바르게 배열하시오.

1 다른 사람들을 위해 요리하는 것은 나를 행복하게 한다. (for others / happy / cooking / me / makes)

➡ _____

2 그녀의 일은 어린아이들을 돌보는 것이다. (is / little children / her work / taking care of)

➡ _____

3 나의 남동생은 음악에 맞춰 춤추는 것을 좋아한다. (likes / to music / my brother / dancing)

➡ _____

C_영작 우리말과 일치하도록 주어진 말을 이용하여 영어로 옮기시오.

1 우리는 해변에서 일출 보는 것을 즐겼다. (enjoy, watch the sunrise)

➡ _____

2 그와 함께 이야기하는 것은 즐겁다. (talk with, pleasant)

➡ _____

3 그녀의 취미는 낱말 맞추기 퍼즐을 하는 것이다. (hobby, do crossword puzzles)

➡ _____

Focus 38 동명사 vs. to부정사

Fred enjoyed **watching** the movie.

Fred는 영화 보는 것을 즐겼다.

• 동사에 따라 동명사만을 목적어로 취하는 동사, to부정사만을 목적어로 취하는 동사, 동명사와 to부정사 모두를 목적어로 취하는 동사가 있다.

동명사만을 목적어로 취하는 동사	enjoy, finish, keep, mind, avoid, stop, give up 등
to부정사만을 목적어로 취하는 동사	want, need, decide, plan, promise, hope 등
동명사와 to부정사 모두를 목적어로 취하는 동사	like, love, hate, begin, start, continue 등

Quick Check Up

[정답 p. 16]

A 괄호 안에서 알맞은 말을 모두 고르시오.

1   When did you finish (doing / to do) your homework?

2   We planned (spending / to spend) the holidays in Ulleung-do.

3   Ben began (learning / to learn) taekwondo.

4   Crystal will never give up (becoming / to become) a singer.

5   Do you like (reading / to read) detective novels?

B 우리말과 일치하도록 주어진 말을 알맞은 형태로 바꿔 문장을 완성하시오.

1   그 개는 공을 갖고 노는 것을 정말 좋아한다. (play)

⇒ The dog loves _____ with a ball.

2   너는 왜 미나와 만나는 것을 피하고 있니? (meet)

⇒ Why are you avoiding _____ Mina?

3   재하는 최신 컴퓨터를 사고 싶어 한다. (buy)

⇒ Jaeha wants _____ _____ a brand-new computer.

4   그 병원은 오전 8시에 진료를 시작한다. (see)

⇒ The hospital starts _____ patients at 8 a.m.

A_어법 수정 어법상 **틀린** 부분을 바르게 고쳐서 문장을 다시 쓰시오.

1 My grandmother promised buying me a watch.

➡ _____

2 The pianist kept to practice for the piano contest.

➡ _____

3 John finished to post his pictures on SNS.

➡ _____

B_순서 배열 우리말과 일치하도록 주어진 말을 바르게 배열하시오.

1 Kelly는 1회용 컵을 사용하지 않기로 결심했다.
(disposable cups / to / Kelly / decided / not / use)

➡ _____

2 나는 친구들과 노는 것을 즐겼다. (hanging out / I / with my friends / enjoyed)

➡ _____

3 Ann은 이메일 쓰는 것을 곧 끝내야 한다. (the email / Ann / writing / soon / finish / must)

➡ _____

4 나는 내 성적으로 부모님을 실망시키는 것이 싫다.
(my parents / disappoint / I / to / with my grades / hate)

➡ _____

C_영작 우리말과 일치하도록 주어진 말을 이용하여 영어로 옮기시오.

1 그 기계는 이상한 소리를 내기 시작했다. (begin, make a strange noise)

➡ _____

2 그의 남동생은 우리 동아리에 가입하고 싶어 한다. (want, join our club)

➡ _____

3 나는 음악 공부하는 것을 포기하지 않을 것이다. (will, give up, study music)

➡ _____

A 우리말과 일치하도록 주어진 말을 이용하여 문장을 완성하시오.

1 Gina의 취미는 스티커를 모으는 것이다. (collect stickers)

➡ Gina's hobby _____ _____ _____.

2 내 방을 청소하는 것은 나를 행복하게 한다. (clean my room)

➡ _____ _____ _____ makes me happy.

3 Dan은 너를 위해 온갖 힘든 일을 하는 것을 꺼리지 않는다. (do all the hard work)

➡ Dan doesn't mind _____ _____ _____ _____ _____ for you.

4 우리는 어항에 금붕어를 키우기 시작했다. (keep goldfish)

➡ We began _____ _____ in a fishbowl.

➡ We began _____ _____ _____ in a fishbowl.

B 밑줄 친 부분을 주어진 말로 바꾸어 문장을 다시 쓰시오.

1 Sam <u>loves</u> to play badminton every weekend. (enjoy)

➡ _____

2 My sister <u>decided not to</u> eat hamburgers. (stop)

➡ _____

3 I <u>don't want</u> to meet him after school. (will avoid)

➡ _____

4 Jenny <u>continues</u> to wait for you in front of the school. (keep)

➡ _____

5 We <u>need</u> to go on a diet. (finished)

➡ _____

C 그림을 보고 질문에 알맞은 대답을 완전한 문장으로 쓰시오. (동명사를 사용할 것)

1

Q: What is your favorite free time activity?

A: _____

2

Q: What did you enjoy most?

A: _____

3

Q: What does she love doing?

A: _____

Real Test

홍콩 여행 중에 친구가 쓴 이메일을 보고 조건에 맞게 글의 빈칸을 완성하시오.

조건   1. 동명사나 to부정사가 모두 가능할 경우 동명사를 이용하여 쓰시오.

2. 주어진 단어를 활용하시오.

Dear Mina,

How are you doing? We're in Hong Kong now.

We're having a great time.

Yesterday, we went to Victoria Peak.

(1) _____ (take the Peak Tram) was very exciting.

I also liked (2) _____ (see a laser show) at night.

All of us stopped (3) _____ (talk) and saw the show.

It was so fantastic.

Focus 39 감탄문

What a great picture it is!

그것은 정말 멋진 그림이구나!

• 감탄문은 '정말 ~하구나!'라는 뜻으로 What이나 How를 이용하여 쓴다.

• 감탄문의 주어와 동사는 자주 생략된다.

• What으로 시작하는 감탄문에서 복수명사가 올 때는 a나 an을 쓰지 않는다.

What a(n) + 형용사 + 명사(+ 주어 + 동사)!	(…는) 정말 ~하구나!
How + 형용사/부사(+ 주어 + 동사)!	

Quick Check Up

[정답 p. 16]

A 괄호 안에서 알맞은 말을 고르시오.

1 (What / How) a great idea it is!

2 (What / How) cute the baby is!

3 (What / How) quickly she spoke!

4 (What / How) big eyes the dog has!

B 다음 문장을 주어진 말로 시작하는 감탄문으로 바꿔 쓰시오.

1 The news was surprising.

⇒ How _____!

2 Your hairstyle is cool.

⇒ How _____!

3 The man told amazing stories.

⇒ What _____!

4 He has a sweet voice.

⇒ What _____!

A_어법 수정 어법상 **틀린** 부분을 바르게 고쳐서 문장을 다시 쓰시오.

1   What wonderful view this house has!   ⇒ _____

2   What nice he is!   ⇒ _____

3   How a popular place this is!   ⇒ _____

4   How deeply sleeps the baby!   ⇒ _____

B_순서 배열 우리말과 일치하도록 주어진 말을 바르게 배열하시오.

1   이번 겨울은 정말 춥구나! (winter / cold / is / how / this)

⇒ _____

2   그것은 정말 환상적인 콘서트였구나! (was / fantastic / it / what / concert / a)

⇒ _____

3   그 불꽃놀이는 정말 화려했구나! (colorful / how / were / the fireworks)

⇒ _____

4   그들은 정말 발랄한 아이들이구나! (are / children / what / cheerful / they)

⇒ _____

C_영작 우리말과 일치하도록 주어진 말을 이용하여 영어로 옮기시오.

1   그는 정말 키가 큰 소년이구나! (what, tall)

⇒ _____

2   그 의사는 정말 빨리 뛰는구나! (how, fast, run)

⇒ _____

3   너는 정말 무례하구나! (how, rude)

⇒ _____

4   그것은 정말로 끔찍한 사고였구나! (what, terrible, accident)

⇒ _____

Focus 40 명령문, Let's ~

Wash your hands before your meal.

식사하기 전에 손을 씻어라.

- 명령문은 '~해라'라는 뜻의 명령을 할 때 쓰는 문장으로, 주어를 생략하고 동사원형으로 쓴다. '~하지 마라'라는 뜻의 부정명령문은 명령문 앞에 Don't를 쓴다. 명령문 앞이나 뒤에 please를 붙이면 공손한 표현이 된다.
- ⟨Let's + 동사원형⟩은 '~하자'라는 뜻의 제안을 할 때 쓴다. '~하지 말자'라는 뜻의 표현은 ⟨Let's + not + 동사원형⟩으로 쓴다.

명령문	동사원형 ~	~해라
	Don's + 동사원형	~하지 마라
청유문	Let's + 동사원형	~하자
	Let's + not + 동사원형	~하지 말자

> **Note**
> 강한 의미의 부정명령문은 Don't 대신 Never를 쓰기도 한다.
> *e.g.* **Don't** lie to me again. = **Never** lie to me again.
> (내게 다시는 거짓말을 하지 마라.)

Quick Check Up

[정답 p. 17]

A 괄호 안에서 알맞은 말을 고르시오.

1 (Be / Are) polite to everyone.

2 (Do / Does) your homework right now.

3 (Don't / Not) forget the meeting, please.

4 (Let's not / Don't let's) buy the sweater.

5 Let's (has / have) a chicken salad.

B 우리말과 일치하도록 빈칸에 알맞은 말을 쓰시오.

1 수업 중에는 휴대전화를 사용하지 마라.

➡ _____ _____ your cellphone during the class.

2 이번 주 토요일에 소풍 가자.

➡ _____ _____ on a picnic this Saturday.

3 계단에서는 조심하세요.

➡ _____ _____ on the stairs, please.

A_어법 수정 어법상 <u>틀린</u> 부분을 바르게 고쳐서 문장을 다시 쓰시오.

1   Let's takes the bus to the museum.   ➡ _____

2   Never wearing my clothes again.   ➡ _____

3   Not let's make fun of him.   ➡ _____

4   Loves yourself, please.   ➡ _____

B_순서 배열 우리말과 일치하도록 주어진 말을 바르게 배열하시오.

1   집 밖에서는 마스크를 써라. (your / the house / wear / outside / mask)

    ➡ _____

2   점심으로 중국음식을 먹자. (Chinese food / let's / for lunch / have)

    ➡ _____

3   그 문제에 대해 신경 쓰지 마라. (about / be / the problem / don't / nervous)

    ➡ _____

4   오늘은 싸우지 말자. (fight / not / today / let's)

    ➡ _____

C_영작 우리말과 일치하도록 주어진 말을 이용하여 영어로 옮기시오.

1   3시에 학교 앞에서 보자. (meet, in front of)

    ➡ _____

2   도서관 안에서는 조용히 해 주세요. (please, quiet)

    ➡ _____

3   내 생일을 잊지 마. (forget, birthday)

    ➡ _____

4   그 꽃들을 꺾지 말자. (pick)

    ➡ _____

A 우리말과 일치하도록 주어진 말을 바르게 배열하시오.

1 그는 정말 재미있는 소년이구나! (what, interesting)

➡ _____ _____ _____ _____ he is!

2 동물원의 동물들에게 먹이를 주지 마시오. (feed the animals)

➡ _____ _____ _____ _____ in the zoo.

3 당신의 부모님께 잘하세요. (kind)

➡ _____ _____ to your parents, please.

4 여기서 함께 사진을 찍자. (take pictures)

➡ _____ _____ _____ here together.

5 너무 늦게 저녁을 먹지 맙시다.

➡ _____ _____ _____ dinner too late.

B 우리말과 일치하도록 주어진 말을 이용하여 대화의 빈칸을 완성하시오.

1 A: Fred, look at the baby.

B: _____ _____! (cute) 오! 정말 귀엽구나!

2 A: What do you want for lunch?

B: _____ _____ Thai food. (have) 태국 음식을 먹자.

3 A: What can I do for you?

B: _____ _____ the menu, _____. (give) 저에게 메뉴를 주세요.

4 A: I lost my dog at the park. What should I do?

B: _____ _____. We'll help you. (worry) 걱정하지 마, 우리가 너를 도와줄게.

5 A: How about inviting him to our wedding?

B: _____ _____ _____ _____ that is! (great, idea)
그것은 정말 훌륭한 생각이구나!

C 그림을 보고 주어진 말을 사용하여 보기와 같이 문장을 쓰시오.

보기

comfortable chair, buy

What a comfortable chair it is!
Let's buy the chair.

1

dirty room, clean

_____

_____

2

hot day, go swimming

_____

_____

Real Test

그림을 보고 보기에서 알맞은 표현을 찾아 좋은 여행을 하기 위한 Maria의 조언을 완성하시오.
(필요시 never를 쓸 것)

보기

try

new food

comfortable

clothes

your camera

wear

forget

Maria is a good traveler. She always makes a travel plan.
Here is some of her advice for good travel.

(1) _____

(2) _____

(3) _____

부가의문문

Jenny likes movies, **doesn't she?**

Jenny는 영화를 좋아해, 그렇지 않니?

- 부가의문문은 '그렇지?' 또는 '그렇지 않니?'라는 뜻으로 상대방에게 동의를 구하거나 확인하기 위해 문장의 맨 끝에 덧붙이는 의문문이다.
- 부가의문문은 앞 문장이 긍정이면 부정으로, 부정이면 긍정으로 쓰며, 주어는 반드시 대명사로 쓴다. 앞 문장의 동사에 따라 부가의문문의 동사도 달라지며, 시제도 앞 문장 동사의 시제에 일치시킨다.

앞문장의 동사	부가의문문	의미
be동사 be동사 + not	be동사 + not + 대명사 주어? be동사 + 대명사 주어?	그렇지 않니? 그렇지?
조동사 조동사 + not	조동사 + not + 대명사 주어? 조동사 + 대명사 주어?	그렇지 않니? 그렇지?
일반동사 일반동사 + not	do/does/did + not + 대명사 주어? do/does/did + 대명사 주어?	그렇지 않니? 그렇지?

> **Note**
> - 부가의문문에서 〈동사 + not〉은 반드시 줄임말로 쓴다.
> - 부가의문문에 대한 대답은 내용이 긍정이면 Yes, 부정이면 No로 한다.
> *e.g.* A: You are a student, **aren't you**?
>   (너는 학생이야, 그렇지 않니?)
>   B: Yes, I am. (응, 학생이야.)
>   No, I'm not. (아니, 학생이 아니야.)

Quick Check Up

[정답 p. 17]

빈칸에 알맞은 부가의문문을 고르시오.

1 Lisa can run fast, _____ ? ☐ can she ☐ can't she

2 You want to join the club, _____ ? ☐ do you ☐ don't you

3 Ted isn't your neighbor, _____ ? ☐ is he ☐ isn't he

4 The children looked happy, _____ ? ☐ did they ☐ didn't they

5 The store will open soon, _____ ? ☐ will it ☐ won't it

6 Sam doesn't like you, _____ ? ☐ does he ☐ doesn't he

7 His success surprised us, _____ ? ☐ did it ☐ didn't it

A _ 문장 완성 **빈칸에 알맞은 부가의문문을 쓰시오.**

1 Mina and Sora often play badminton together, _____ _____?

2 You should take care of your brother, _____ _____?

3 Lucy wasn't at home then, _____ _____?

4 Kevin won't give you anything, _____ _____?

5 The sweater doesn't look heavy, _____ _____?

6 Tim and I are close friends, _____ _____?

B _ 순서 배열 **우리말과 일치하도록 주어진 말을 바르게 배열하시오.**

1 너는 남동생이 없어, 그렇지? (do / any brothers / you / you / have / don't)

➡ _____

2 Jim과 Fred는 화가 났었어, 그렇지 않니? (angry / Jim and Fred / weren't / they / were)

➡ _____

3 Mike는 호주 출신이 아니야, 그렇지? (is / from / he / Mike / Australia / isn't)

➡ _____

C _ 영작 **우리말과 일치하도록 주어진 말을 이용하여 영어로 옮기시오.**

1 너와 나는 기타를 칠 수 없어, 그렇지? (can, play the guitar)

➡ _____

2 그 새로운 청바지는 너의 것이었어, 그렇지 않았니? (the new jeans, yours)

➡ _____

3 Jenny는 너의 휴대전화 번호를 몰랐어, 그렇지? (know, cell phone number)

➡ _____

4 너의 야구장갑은 침대 밑에 있었어, 그렇지 않았니? (baseball glove, under)

➡ _____

Focus 42 간접의문문

Do you know **when he will come**?
너는 그가 언제 올지 아니?

- 간접의문문은 의문문이 다른 문장의 일부로 쓰인 문장이다.
- 의문사가 주어로 쓰인 경우에는 〈의문사 + 동사〉의 순서로 쓰고, 의문사가 주어로 쓰이지 않은 경우에는 〈의문사 + 주어 + 동사〉의 순서로 쓴다.

  e.g. Do you know? + When will he come?
  → Do you know when he will come?
  (너는 그가 언제 올지 아니?)

  Do you know? + Who will come?
  → Do you know who will come?
  (너는 누가 올지 아니?)

> **Note**
> 의문사 없는 의문문일 경우
> 접속사 if, whether를 써서 〈if[whether] + 주어 + 동사〉의 순서로 쓴다.
> Do you know? + Will he come?
> → Do you know if[whether] he will come?

Quick Check Up   [정답 p. 17]

두 문장을 한 문장으로 바꿔 쓸 때 괄호 안에서 알맞은 것을 고르시오.

1 Do you know? + What do they want?

➡ Do you know what (do they want / they want)?

2 Can you tell me? + Where does he live?

➡ Can you tell me where (does he live / he lives)?

3 I don't know. + Who likes you?

➡ I don't know who (likes you / you likes)?

4 Does he know? + When does the movie start?

➡ Does he know when (does the movie start / the movie starts)?

5 They don't know. + Why are you angry?

➡ They don't know why (are you / you are) angry.

6 Can you tell me? + How can I get there?

➡ Can you tell me (how can I / how I can) get there?

A_문장 전환 **다음 문장을 주어진 말로 시작하여 다시 쓰시오.**

1 Who is he? ➡ Do you know _____?

2 What do you want to do? ➡ Can you tell me _____?

3 Why is he crying? ➡ I don't know _____?

4 When will she leave? ➡ Do you know _____?

B_순서 배열 **우리말과 일치하도록 주어진 말을 바르게 배열하시오.**

1 나는 우리가 어디에 있는지 모르겠다. (we / know / where / I / are / don't)

➡ _____

2 너는 그 가방이 얼마인지 아니? (how much / you / is / know / the bag / do)

➡ _____

3 그들은 누가 그 창문을 깼는지 아니? (do / the window / who / know / broke / they)

➡ _____

4 지금 몇 시인지 말해 줄래? (tell / now / what time / can / is / you / me / it)

➡ _____

C_영작 **우리말과 일치하도록 주어진 말을 이용하여 영어로 옮기시오.**

1 너는 그가 무엇을 좋아하는지 아니? (what, like)

➡ _____

2 나는 누가 그녀를 초대했는지 모른다. (who, invite)

➡ _____

3 그 가게가 언제 여는지 말해 줄래? (when, the store, open)

➡ _____

4 너는 그 건물이 어디에 있는지 아니? (where, the building, be)

➡ _____

A 어법상 **틀린** 부분을 바르게 고쳐서 문장을 다시 쓰시오.

1 Do you know who the book bought?

➡ _____

2 We don't know why was he late.

➡ _____

3 Can you tell me where should we get off?

➡ _____

4 Do you know when does the game start?

➡ _____

B 밑줄 친 부분을 바르게 고쳐서 문장을 다시 쓰시오.

1 Mina and Suzie are smart, <u>is she</u>?

➡ _____

2 Daniel went to Canada last year, <u>was he</u>?

➡ _____

3 Your sister didn't come home, <u>do you</u>?

➡ _____

4 His mom will work at the bank, <u>don't she</u>?

➡ _____

5 You won't go to the library today, <u>don't you</u>?

➡ _____

6 Sam should wash his shoes, <u>does he</u>?

➡ _____

C 다음 두 문장을 한 문장으로 바꿔 쓰시오.

1 Can you tell me? + What happened to you?

   ➡ _____

2 They don't know. + Who made the mistake?

   ➡ _____

3 I don't know. + Why did Sam go home early?

   ➡ _____

4 Can you tell me? + How old are you?

   ➡ _____

5 Does he know? + What color do you like?

   ➡ _____

Real Test

그림을 보고 주어진 말을 사용하여 보기 와 같이 문장을 쓰시오.

보기

my socks

Do you know where my socks are?
Your socks are on the chair, aren't they?

1

Doha, go to bed

_____

_____

2

won the game, Paula

_____

_____

Unit 22 접속사 1

 Focus 43 등위접속사

Sam **and** I like soccer, **but** we can't play soccer well.

Sam과 나는 축구를 좋아하지만 우리는 축구를 잘하지 못한다.

• 등위접속사는 대등한 관계에 있는 단어, 구, 문장을 연결해주는 접속사이며, and, but, or, so 등이 있다.

and	그리고	비슷한 것끼리 연결할 때
but	그러나	반대되는 것끼리 연결할 때
or	또는	둘 이상 중 하나를 선택할 때
so	그래서	원인과 결과의 관계를 나타낼 때

> **Note**
> 접속사는 단어와 단어, 구와 구, 문장과 문장을 연결해 주는 역할을 한다.

Quick Check Up

[정답 p. 18]

A 괄호 안에서 알맞은 말을 고르시오.

1 This book is easy (and / but) interesting.

2 How do you want to go there, by bus (but / or) by subway?

3 We hurried to the airport, (and / but) we missed our flight.

4 Mina was tired, (but / so) she went to bed early.

B 우리말과 일치하도록 접속사를 이용하여 빈칸을 완성하시오.

1 이틀 또는 사흘 동안 이 약을 복용하세요.

⇒ Take this medicine for _____ _____ _____ days.

2 Roger는 우리에게 손을 흔들며 달려왔다.

⇒ Roger waved _____ _____ to us.

3 그녀의 방은 작았지만 깨끗했다.

⇒ Her room was small _____ _____.

4 Dan은 야구를 잘했다, 그래서 그는 야구선수가 되었다.

⇒ Dan played baseball well, _____ _____ _____ a baseball player.

A_문장 전환 두 문장을 and, but, or, so로 연결하여 한 문장으로 쓰시오.

1 Tim has big eyes. He has long hair.

➡ _____

2 Do you want to go outside? Do you want to stay home?

➡ _____

3 The players did their best. They lost the game.

➡ _____

4 The food looked delicious. I bought it.

➡ _____

B_순서 배열 우리말과 일치하도록 주어진 말을 바르게 배열하시오.

1 그의 삶은 짧았지만 강렬했다. (intense / short / his life / was / but)

➡ _____

2 내일은 날씨가 춥고 바람이 불 것이다. (will / tomorrow / cold / it / be / windy / and)

➡ _____

3 너는 커피나 콜라를 많이 마시면 안 된다.
(coffee / drink / or / you / Coke / should / drink / a lot of / not)

➡ _____

C_영작 우리말과 일치하도록 주어진 말을 이용하여 영어로 옮기시오.

1 우리는 도서관에서 책을 읽거나 음악을 들을 수 있다. (can, listen to, in the library)

➡ _____

2 내 여동생은 피아노를 쳤고 나는 기타를 쳤다. (play, the piano, the guitar)

➡ _____

3 그 음식은 맛있었지만 서비스는 형편 없었다. (the food, the service, terrible)

➡ _____

Focus 44 상관접속사

Both Mia and Suzie like their science teacher.

Mia와 Suzie는 둘 다 그들의 과학 선생님을 좋아한다.

- 상관접속사는 두 개 이상의 단어가 짝을 이루는 접속사이며, both A and B, either A or B, neither A nor B, not A but B, not only A but also B(= B as well as A) 등이 있다.
- 상관접속사가 주어로 쓰일 때는 both A and B는 복수 취급하고, 나머지는 B에 수를 일치시킨다.

both A and B	A와 B 둘 다
either A or B	A나 B 둘 중 하나
neither A nor B	A도 B도 아닌
not A but B	A가 아니라 B
not only A but also B (= B as well as A)	A뿐만 아니라 B도 역시

> **Note**
> 접속사에 의해 연결되는 A와 B는 동일한 형태여야 한다.
> *e.g.* He is not **a teacher** but **a writer**. (○)
> He is not **a teacher** but **writes novels**. (×)
> (그는 교사가 아니라 작가이다.)

Quick Check Up

[정답 p. 18]

A 괄호 안에서 알맞은 말을 고르시오.

1 We will invite both Tim (and / or) Jenny to the party.

2 Fred is not only handsome (and / but) also kind.

3 Helen is not a comedian (but / or) a singer.

4 Neither you nor your sister (look / looks) like your mother.

B 우리말과 일치하도록 주어진 말과 접속사를 이용하여 문장을 완성하시오.

1 우리는 토요일 아니면 일요일에 축구를 할 것이다. (Sunday)

   ➡ We will play soccer _____ on Saturday _____ _____ _____.

2 그와 함께 일하는 것은 재미있고 의미 있었다. (meaningful)

   ➡ Working with him was _____ fun _____ _____.

3 민호는 며칠 동안 먹지도 자지도 않았다. (eat, sleep)

   ➡ Minho _____ _____ _____ _____ for days.

A _ 문장 전환 다음 문장을 주어진 말을 이용하여 다시 쓰시오.

1 You can drink apple juice, or you can drink orange juice. (either)

➡ _____

2 The coffee tastes delicious as well as smells sweet. (not only)

➡ _____

3 The movie is not romantic. It's horrible. (but)

➡ _____

4 Neil is good at math. He is good at science, too. (both)

➡ · _____

B _ 순서 배열 우리말과 일치하도록 주어진 말을 바르게 배열하시오.

1 나의 아빠는 키가 크지도 작지도 않다. (tall / neither / my dad / small / is / nor)

➡ _____

2 너는 그 책을 살 수도 있고 빌릴 수도 있다.
(or / the book / either / you / borrow / can / buy)

➡ _____

3 운전자뿐만 아니라 보행자도 그 사고에 책임이 있다.
(as well as / for the accident / the passenger / responsible / the driver / is)

➡ _____

C _ 영작 우리말과 일치하도록 주어진 말을 이용하여 영어로 옮기시오.

1 Jack이 아니라 Susan이 그 회의에 참석할 것이다. (attend the meeting, but)

➡ _____

2 어제는 나도 그도 바쁘지 않았다. (neither, busy)

➡ _____

3 요가는 어른들뿐만 아니라 아이들에게도 좋다. (yoga, not only, good, for adult)

➡ _____

빈출 유형

A 어법상 **틀린** 부분을 바르게 고쳐서 문장을 다시 쓰시오.

1 Both Andy and Brian was interested in music.

➡ _____

2 Which do you want, a red shirt but a blue shirt?

➡ _____

3 Not only his body but also his mind are healthy.

➡ _____

4 Ailey's hobby is not reading books but play mobile games.

➡ _____

B 우리말과 일치하도록 주어진 말과 접속사를 이용하여 우리말로 옮기시오.

1 부엉이는 낮에 자고 밤에 활동한다. (owls, sleep, active, in the daytime, be)

➡ _____

2 나는 종이와 펜 둘 다 필요하다. (need, paper, a pen)

➡ _____

3 내 여동생은 신발 한 켤레를 샀지만 신지 않았다. (buy, pair, shoes, wear)

➡ _____

4 Max도 Fred도 그 게임을 즐기지 않았다. (enjoy)

➡ _____

5 너는 일본어와 중국어 둘 중 하나를 선택해야 한다. (must, choose, Japanese, Chinese)

➡ _____

6 그녀뿐만 아니라 나도 그곳에 가고 싶다. (want, as)

➡ _____

C 그림을 보고 주어진 표현을 활용하여 보기와 같이 두 사람의 공통점과 차이점에 대해 쓰시오.

보기

like sports, play

Mina and Sue like sports.
Mina plays tennis, but Sue plays basketball.

1

like Italian food, eat

_____

_____

2

enjoy nature, go to

_____

_____

Real Test

학생들의 여름방학 계획을 보고, 내용과 일치하도록 빈칸에 알맞은 접속사를 쓰시오.

Mary	go swimming at the beach
Jessie	read some books
Kevin	go swimming in the pool
Eddie	learn guitar

1 _____ Mary _____ Kevin are going to go swimming.

2 _____ Jessie _____ Eddie is going to learn guitar.

3 _____ Eddie _____ Jessie is going to go swimming.

명사절을 이끄는 접속사 that

I know **that** he is right.
나는 그가 옳다는 것을 안다.

- 접속사 that은 명사절을 이끌어 문장에서 주어, 목적어, 보어 역할을 하며, '~하는 것'이라는 뜻이다.

- that절이 주어로 쓰이면 주어 자리에 가주어 It을 쓰고 that절은 뒤로 보낸다.
  e.g. **That you met him** is lucky. (네가 그를 만난 것은 행운이다.)
  → **It** is lucky **that you met him.**

- that절이 목적어로 쓰이면 that을 생략할 수 있다. that절을 목적어로 취하는 동사에는 think, know, hope, say, believe, hear 등이 있다.

명사절을 이끄는 접속사 that	역할	의미
	주어, 목적어, 보어	~하는 것

> **Note**
> 지시대명사, 지시형용사 that
> that은 지시대명사나 지시형용사로 쓰이며, 이때 '저, 저것'이라는 뜻으로 해석한다.
> - That is my jacket. (지시대명사)
> - That jacket is mine. (지시형용사)

Quick Check Up

[정답 p. 19]

A 문장 안에서 접속사 that의 위치로 알맞은 곳을 고르시오.

1 ☐ I know ☐ you live ☐ near the school.

2 ☐ The problem is ☐ he can't go ☐ there.

3 ☐ It is true ☐ we are ☐ students.

4 ☐ He loved me ☐ was ☐ unbelievable.

B 두 문장을 한 문장으로 바꿔 쓸 때 빈칸에 알맞은 말을 쓰시오.

1 I believe. You will be a great painter.

⇒ I believe _____ _____ _____ be a great painter.

2 You should get up early. That's the point.

⇒ The point is _____ _____ _____ get up early.

3 I'm sure. He will arrive on time.

⇒ I'm sure _____ _____ _____ arrive on time.

A_문장 전환 두 문장을 접속사 that으로 연결하여 한 문장으로 쓰시오.

1 I think. Kelly is either a genius or a fool.

⇒ _____

2 He didn't have time. That was the problem.

⇒ _____

3 They heard. His wife was a famous star.

⇒ _____

4 It's surprising. Mina will move to another city.

⇒ _____

B_순서 배열 우리말과 일치하도록 주어진 말을 바르게 배열하시오.

1 그는 그 공원이 6시에 닫는 것을 몰랐다. (he / at 6 / closes / know / the park / didn't / that)

⇒ _____

2 그녀는 언젠가 우리를 돕겠다고 약속했다. (promised / would help / she / us / she / someday)

⇒ _____

3 세계가 더 작아지고 있다는 것은 사실이다. (smaller / the world / true / becoming / that / it's / is)

⇒ _____

C_영작 우리말과 일치하도록 주어진 말을 이용하여 영어로 옮기시오.

1 나는 이 일을 잘할 수 없을 것 같아 걱정이다. (can't, do, well)

⇒ I'm afraid _____

2 좋은 소식은 네가 시험을 볼 필요가 없다는 것이다. (take a test, need)

⇒ The good news is _____

3 너는 우리를 도울 수 있다고 말했니? (could, help)

⇒ Did you say _____

Focus 46 명사절을 이끄는 접속사 if, whether

She asked **if** I went there.

그녀는 내가 그곳에 갔는지 물었다.

- 접속사 if, whether는 명사절을 이끌며, '~인지 아닌지'라는 뜻이다.
- if는 목적어 역할을 하는 명사절만 이끌지만, whether는 주어, 목적어, 보어 역할을 하는 명사절을 이끈다.
  주어로 쓰인 명사절은 단수 취급하므로 단수 동사가 온다.
  e.g. **Whether** he will come or not **doesn't matter**. 주어 (그가 올지 아닐지는 중요하지 않다.)
- if나 whether와 함께 쓰이는 or not은 절의 끝에 오지만, whether는 whether or not의 형태로 자주 쓰인다.

명사절을 이끄는 접속사 if, whether	역할	의미
	주어, 목적어, 보어	~인지 아닌지

Quick Check Up

[정답 p. 19]

A 괄호 안에서 알맞은 말을 <u>모두</u> 고르시오.

1 I wonder (if / that) he likes sci-fi movies.

2 (If / Whether) our teacher is handsome or not isn't important.

3 I'm not sure (if / whether) or not she knows my name.

4 I don't know (if / whether) the guitar is in my room or not.

B 두 문장을 한 문장으로 바꿔 쓸 때 빈칸에 알맞은 말을 쓰시오.

1 Do you have any questions? Please let me know.

⇒ Please let me know _____ you have any questions.

2 The woman wants to know. A drugstore is near here.

⇒ The woman wants to know _____ or not a drugstore is near here.

3 Is the result good or bad? It doesn't matter.

⇒ _____ the result is good or bad doesn't matter.

4 I wonder. Can you speak Chinese?

⇒ I wonder _____ you can speak Chinese.

A _ 문장 전환 두 문장을 접속사 if나 whether로 연결하여 한 문장으로 쓰시오.

1 I don't know. Is the drama interesting?

➡ _____

2 She wonders. The city is safe or not.

➡ _____

3 Are you young or old? That doesn't matter.

➡ _____

4 Brian asked him. Did he want to go out?

➡ _____

B _ 순서 배열 우리말과 일치하도록 주어진 말을 바르게 배열하시오.

1 나는 그녀가 나를 기억하는지 궁금하다. (wonder / me / she / remembers / I / if)

➡ _____

2 모임에 올 수 없으면 연락해 주세요.
(can't / please / to the meeting / let / come / know / you / me / if)

➡ _____

3 우리가 금요일까지 그 일을 끝낼 수 있을지 확실하지 않다.
(sure / by Friday / finish / aren't / can / we / we / the work / whether)

➡ _____

C _ 영작 우리말과 일치하도록 주어진 말을 이용하여 영어로 옮기시오.

1 Diana는 집에 일찍 가도 되는지 알고 싶어 한다. (may, go home)

➡ Diana wants to know _____.

2 그 연극이 성공적일지 아닐지는 너에게 달려있다. (the play, successful)

➡ _____ depends on you.

3 나는 우리 팀이 결승전에 갈 수 있을지 잘 모르겠다. (can, go to the final)

➡ I'm not sure _____.

A 주어진 말로 시작하여 문장을 다시 쓰시오.

1 What did Hank have for lunch?

➡ Do you know _____ ?

2 I made a lot of mistakes.

➡ The problem is _____ .

3 Who broke my computer?

➡ I'm not sure _____ .

4 Tim always does his best.

➡ She thinks _____ .

5 I wonder. Is he at home now?

➡ I wonder _____ .

B 우리말과 일치하도록 주어진 말을 이용하여 영어로 옮기시오.

1 그 사고에서 네가 다치지 않은 것은 행운이다. (it, lucky, be hurt, in the accident)

➡ _____

2 나는 Sam이 스케이트를 탈 수 있는지 없는지 궁금하다. (wonder, skate)

➡ _____

3 Mia는 모든 것이 괜찮을 거라고 믿는다. (believe, everything, be alright)

➡ _____

4 네가 나를 믿는지 안 믿는지는 중요하지 않다. (trust, matter)

➡ _____

5 나는 그녀에게 내 이메일 주소를 알고 있는지 물었다. (ask, know, email address)

➡ _____

C 대화를 읽고 whether, that, if를 이용하여 대화를 완성하시오.

1 A: Will he come here?

B: _____ isn't important.

A: Really?

B: Sure. I only need you.

2 A: You know what? The restaurant will close soon.

B: Oh, it's surprising _____.

A : Yeah. I'm sorry to hear that.

3 A: Suzie, do you often go to the library?

B: Yes, but why do you want to know that?

A: No, not me. Brian wants to know _____.

4 A: Does Sam come from Canada?

B: I don't know _____.

Why do you ask?

A: Mina wants to know that.

Real Test

(A)와 (B)에서 각각 알맞은 말을 골라 문장을 완성하시오. (단, 한 번씩만 쓸 것)

(A)	(B)
if	he is handsome and smart
whether	I turn on the radio or not
that	Tom will like my gift

1 Greg thinks _____.

2 I wonder _____.

3 Lisa doesn't mind _____.

Focus 47 부사절을 이끄는 접속사 (시간)

When you come, we will begin.

네가 올 때 우리는 시작할 것이다.

- 부사절을 이끄는 접속사는 시간, 이유, 조건 등을 나타낸다.
- 시간을 나타내는 접속사에는 when, while, after, before 등이 있다.
- 시간을 나타내는 부사절에서는 현재시제가 미래를 나타낸다.
  e.g. When you will come, we will begin. (×)
  When you **come**, we will begin. (○)

시간을 나타내는 부사절 접속사	when	~할 때
	while	~하는 동안, ~하는 중에
	after	~ 후에
	before	~ 전에

Note

부사절의 위치

접속사가 이끄는 절은 문장의 앞과 뒤에 올 수 있다.
문장 앞에 오면 부사절 다음에 콤마(,)를 쓰고, 문장
뒤에 오면 콤마를 쓰지 않는다.

Quick Check Up

[정답 p. 20]

우리말과 일치하도록 괄호 안에서 알맞은 말을 고르시오.

1 길을 걷는 동안 스마트폰을 사용하지 마라.

➡ Don't use your smartphone (before / while) you are walking on the street.

2 건강을 잃기 전에 건강을 잘 관리해야 한다.

➡ You should take care of your health (after / before) you lose it.

3 비가 내릴 때 나는 외출하기 싫다.

➡ (After / When) it rains, I don't want to go out.

4 보라는 저녁을 먹은 후에 산책을 한다.

➡ Bora takes a walk (after / before) she has dinner.

5 우리가 Suzie를 만났을 때 우리는 자전거를 타고 공원으로 가고 있었다.

➡ We were riding to the park (after / when) we met Suzie.

A_문장 완성 **우리말과 일치하도록 빈칸에 알맞은 접속사를 쓰시오.**

1 날씨가 좋을 때 우리는 경기를 다시 시작할 것이다.

➡ _____ the weather is fine, we will start the game again.

2 너는 TV를 보는 동안 이 운동을 할 수 있다.

➡ You can do this exercise _____ you are watching TV.

3 공연이 시작된 후에는 입장할 수 없습니다.

➡ _____ the show begins, you can't go into the theater.

4 미나는 그 음식을 먹기 전에 사진을 찍었다.

➡ Mina took some pictures _____ she ate the food.

B_순서 배열 **우리말과 일치하도록 주어진 말을 바르게 배열하시오.**

1 그 선수는 경기를 하는 동안 다리를 다쳤다.
(the game / he / his leg / the player / was playing / hurt / while)

➡ _____

2 나는 항상 잠자기 전에 일기를 쓴다.
(in my diary / go / always / before / I / I / write / to bed)

➡ _____

3 Henry는 그 영화를 보고 나서 그 배우가 좋아졌다.
(to like / the movie / he / the actor / Henry / watched / after / began)

➡ _____

C_영작 **우리말과 일치하도록 주어진 말을 이용하여 영어로 옮기시오.**

1 나는 어렸을 때 부산에 살았다. (when, young, live)

➡ _____

2 너는 식사를 한 후에 물을 많이 마시지 마라. (drink, much water, have meals)

➡ _____

3 Eric은 학교에 가기 전에 Paul의 집에 들른다. (stop by, go to school)

➡ _____

Focus 48 부사절을 이끄는 접속사 (이유, 조건)

He ate quickly **because** he was very hungry.
그는 매우 배가 고파서 빨리 먹었다.

- because는 이유를 나타내는 접속사로 '～ 때문에'라는 뜻이고, if는 조건을 나타내는 접속사로 '～라면'이라는 뜻이다.
- 접속사 because 다음에는 〈주어+동사〉의 절이 나오지만, 전치사구 because of 다음에는 명사(구)가 나온다.
- 조건을 나타내는 부사절에서는 현재시제가 미래를 나타낸다.
  e.g. If you **will come**, I will be very happy. (×)
  If you **come**, I will be very happy. (○) (네가 오면 나는 정말 행복할 것이다.)

이유를 나타내는 부사절 접속사	because	～ 때문에
조건을 나타내는 부사절 접속사	if	～라면

Quick Check Up

[정답 p. 20]

A 괄호 안에서 알맞은 말을 고르시오.

1 He didn't hear the phone ring (because / if) it was in the bag.

2 (Because / If) you are late, please let me know.

3 My mom will be happy if I (wash / will wash) the dishes.

4 They bought this chair (because / because of) the good price.

B 우리말과 일치하도록 빈칸에 알맞은 접속사를 쓰시오.

1 민호는 감기에 걸려서 집에 있었다.
   ➡ Minho stayed at home _____ he caught a cold.

2 더우면 에어컨을 틀어라.
   ➡ _____ you are hot, turn on the air conditioner.

3 나는 부모님을 닮아서 키가 크다.
   ➡ I am tall _____ I resemble my parents.

4 너는 아침을 먹지 않으면 점심에 과식할지도 모른다.
   ➡ You may overeat for lunch _____ you skip breakfast.

A _ 문장 완성 우리말과 일치하도록 주어진 말을 이용하여 문장을 완성하시오.

1 이 제품이 마음에 들지 않으면 반품하세요. (like)

➡ _____ _____ _____ _____ this product, return it to us.

2 공항에 안개가 자욱해서 모든 비행기가 이륙할 수 없었다. (there)

➡ All planes couldn't take off _____ _____ _____ heavy fog at the airport.

3 내 도움이 필요하면 언제든 나에게 전화해. (need)

➡ Please call me anytime _____ _____ _____ my help.

B _ 순서 배열 우리말과 일치하도록 주어진 말을 바르게 배열하시오.

1 그는 너무 많이 먹어서 배가 아팠다.
(had / too much / because / he / ate / he / a stomachache)

➡ _____

2 내가 숙제를 곧 다하면 너와 함께 갈 수 있다.
(the homework / go / I / I / with you / finish / if / can / soon)

➡ _____

3 과도한 스트레스 때문에 그 남자는 건강이 나빠졌다.
(the man / because of / unhealthy / too much stress / became)

➡ _____

C _ 영작 우리말과 일치하도록 주어진 말을 이용하여 영어로 옮기시오.

1 식당에 사람이 많아서 우리는 기다려야 했다. (have to, wait, there, a lot of)

➡ _____

2 오늘밤 바쁘지 않으면 영화 보러 가자. (busy, tonight, let's, go)

➡ _____

3 교통 체증 때문에 그 버스는 늦게 왔다. (come, late, traffic jam)

➡ _____

A 보기 에서 알맞은 접속사를 골라 두 문장을 한 문장으로 바꿔 쓰시오.

> 보기   if   while   after   because

1   He was talking on the phone. He was also playing computer games.

    ➡ _____

2   I couldn't buy the jacket. It was too expensive.

    ➡ _____

3   You want more information. Please visit our website.

    ➡ _____

4   Look both ways. And then you should cross the street.

    ➡ _____

빈출 유형

B   어법상 틀린 부분을 바르게 고쳐서 문장을 다시 쓰시오.

1   They will miss the bus if they won't hurry.

    ➡ _____

2   Mina was so sad because of she got bad grades.

    ➡ _____

3   Many people lost their homes because the earthquake.

    ➡ _____

4   When he will arrive there, he will call you.

    ➡ _____

5   You should be careful before you are riding your bike on the street.

    ➡ _____

C 우리말과 일치하도록 접속사와 주어진 말을 이용하여 문장을 완성하시오.

1 방을 나가기 전에 불을 끄시오. (leave)

➡ Turn off the lights _____.

2 방을 나갈 때 불을 끄시오.

➡ Turn off the lights _____.

3 소라는 공부하고 있는 동안 음악을 듣는다.

➡ Sora listens to music _____.

4 Henry는 피곤했기 때문에 일찍 잠을 잤다. (tired)

➡ Henry went to bed early _____.

5 Henry는 피곤하면 일찍 잠을 잔다.

➡ Henry goes to bed early _____.

Real Test

그림을 보고 질문에 알맞은 대답을 완성하시오.

1
Q: Why did he look sad?

A: He looked sad _____.
　　　　　　　　　　　(miss)

2
Q: When did Mina take pictures of her salad?

A: She took pictures of her salad _____.
　　　　　　　　　　　　　　　　　(have)

3
Q: Can you tell me where the hospital is?

A: _____, you will see it on your right.
　　　(turn)

Unit 25 전치사

Focus 49 시간을 나타내는 전치사

Paul takes a shower **in** the morning.

Paul은 아침에 샤워를 한다.

• 전치사는 명사 앞에 쓰이며 시간, 장소, 위치 등을 나타낸다. 시간을 나타내는 전치사에는 in, on, at 등이 있으며, 각 전치사별로 쓰임이 다르다.

in	연도, 계절, 달 등	in 2019, in the summer, in April, in the morning
on	날짜, 요일, 날씨, 특정한 날	on May 9th, on Monday, on a rainy day, on Sunday night
at	특정 시각, 시점	at 9:40, at night, at lunchtime, at the moment
for	구체적인 시간(~동안)	for three days, for two weeks
during	특정한 기간(~동안)	during the night, during the vacation
기타	before(~ 전에) after(~ 후에) from A to B(A에서 B까지)	

Note
시간을 나타내는 명사 앞에 every, this, next, last 등이 올 경우 전치사를 쓰지 않는다.
e.g. on every Sunday (×)
　　 every Sunday (○)

Quick Check Up

[정답 p. 20]

A 괄호 안에서 알맞은 말을 고르시오.

1 My grandmother was 90 years old (in / at) 2016.

2 Our school festival opens (in / on) October 7th.

3 Brian usually sleeps (for / during) eight hours.

4 Today, it will rain from morning (at / to) evening.

5 The baby cries (at / in) night these days.

B 우리말과 일치하도록 빈칸에 알맞은 전치사를 쓰시오.

1 5월에는 학교 행사가 많다.
　➡ There are many school events _____ May.

2 저녁을 먹은 후에 산책을 하는 것이 건강에 좋다.
　➡ Taking a walk _____ dinner is good for your health.

3 맑은 날에는 여기서 도봉산이 보인다.
　➡ _____ a clear day, we can see Dobong Mountain from here.

A _ 어법 수정 어법상 **틀린** 부분을 바르게 고쳐서 문장을 다시 쓰시오.

1 Alice doesn't wear skirts at the winter.

➡ _____

2 Our summer vacation starts in July 27th.

➡ _____

3 Fred will stay at the hotel during five days.

➡ _____

4 I don't know where I am in the moment.

➡ _____

B _ 순서 배열 우리말과 일치하도록 주어진 말을 바르게 배열하시오.

1 아침 일찍 너에게 전화해도 되니? (the morning / early / call / in / can / you / I)

➡ _____

2 우리는 주말 동안 캠핑을 하러 갔다. (during / went / we / the weekend / camping)

➡ _____

3 그 소포는 월요일에 도착할 예정이다. (will / on Monday / the package / arrive)

➡ _____

C _ 영작 우리말과 일치하도록 주어진 말을 이용하여 영어로 옮기시오.

1 우리는 보통 금요일 밤에 늦게까지 TV를 본다. (usually, watch, until late)

➡ _____

2 프랑스는 2018년에 월드컵에서 우승했다. (win the World Cup)

➡ _____

3 Brian은 해가 지기 전에 산을 내려왔다. (come down, the sunset)

➡ _____

Unit 25 전치사

 Focus 50 장소, 위치를 나타내는 전치사

The cat is **on** the sofa.

그 고양이는 소파 위에 있다.

• 장소나 위치를 나타내는 전치사에는 at, on, in, in front of, behind, under, next to, between A and B 등이 있으며,
각 전치사별로 쓰임이 다르다.

at	좁은 장소, 어느 한 지점(~에)	at school, at the station, at the door
on	표면에 접촉한 상태(~ 위에)	on the road, on the wall, on the Internet
in	넓은 장소, 공간의 내부(~ 안에)	in my room, in the building, in Korea, in the sky
기타	in front of (~ 앞에), behind (~ 뒤에), next to (~ 옆에), under (~ 아래에), over (~ 위에), between A and B (A와 B 사이에)	

Note
on과 over는 모두 '~ 위에'라는 뜻이지만, on은 표면에 접촉한 위를 나타내고 over는 표면에서 떨어진 위를 나타낸다는 점이 다르다.

Quick Check Up

[정답 p. 21]

A 괄호 안에서 알맞은 말을 고르시오.

1 There is a nice picture (at / on) the wall.

2 Let's meet (at / on) the subway station.

3 My cousins live (at / in) Seattle.

4 The bank is (between / behind) the hospital and the park.

5 Some birds are flying (at / in) the sky.

6 Don't trust all the information (in / on) the Internet.

B 우리말과 일치하도록 빈칸에 알맞은 전치사를 쓰시오.

1 내 휴대전화는 쿠션 밑에 있었다.

   ⇒ My cell phone was _____ the cushion.

2 오늘밤 공원에서 불꽃놀이를 할 것이다.

   ⇒ There will be fireworks _____ the park tonight.

3 그 건물 앞에는 동상이 하나 서 있다.

   ⇒ A statue stands _____ _____ _____ the building.

A_문장 완성 우리말과 일치하도록 빈칸에 알맞은 말을 쓰시오.

1 Jenny 옆에 있는 남자는 누구니?

➡ Who is the man _____ _____ _____?

2 그 공원에는 오래된 나무들이 많다.

➡ There are a lot of old trees _____ _____ _____.

3 나는 길에서 동전 하나를 발견했다.

➡ I found a coin _____ _____ _____.

4 우리 역사 선생님이 너의 뒤에 서 계신다.

➡ Our history teacher is standing _____ _____.

B_순서 배열 우리말과 일치하도록 주어진 말을 바르게 배열하시오.

1 우리는 공항에서 그 배우를 봤다. (the airport / saw / we / at / the actor)

➡ _____

2 탁자 위에 예쁜 등이 걸려 있다. (the table / a pretty light / hanging / over / is)

➡ _____

3 이 옷들을 서랍에 넣어줄래? (these clothes / the drawer / can / put / in / you)

➡ _____

C_영작 우리말과 일치하도록 주어진 말을 이용하여 영어로 옮기시오.

1 그 큰 나무 아래에 돗자리를 깔자. (let's, spread out, mat, the big tree)

➡ _____

2 나는 사람들 앞에서 노래를 부르는 것을 좋아하지 않는다. (like, people)

➡ _____

3 Andy와 나는 버스 정류장에서 너를 기다리고 있을게. (will, wait for, bus stop)

➡ _____

A 우리말과 일치하도록 전치사를 이용하여 문장을 완성하시오.

1 Rosy는 2015년에 그녀의 첫 번째 소설을 썼다.

➡ Rosy wrote her first novel _____ .

2 나는 주말마다 Sue와 배드민턴을 친다.

➡ I play badminton with Sue _____ .

3 다행히도 우리는 공항에 제시간에 도착했다.

➡ Luckily, we arrived _____ on time.

4 몇 명의 사람들이 그 집 앞에 서 있었다.

➡ Some people were standing _____ .

5 2층에 이태리 식당이 하나 있다.

➡ There is an Italian restaurant _____ .

B 밑줄 친 부분을 바르게 고쳐서 문장을 다시 쓰시오.

1 What happened to you <u>for</u> the vacation?

➡ _____

2 There were a few people <u>at</u> the bus.

➡ _____

3 It takes about 2 hours from here <u>in</u> Busan by KTX.

➡ _____

4 The island is a nice place to visit <u>at</u> summer.

➡ _____

5 Molly was in hospital <u>during</u> five days.

➡ _____

C 우리말과 일치하도록 주어진 말과 전치사를 이용하여 영어로 옮기시오.

1 Paul은 밤에 일찍 자고 아침에 일찍 일어난다. (go to bed, get up)

➡ _____

2 소라는 거실에 있다. 그녀는 소파에서 책을 읽고 있다. (be, read)

➡ _____

3 Fred는 학교에서 일본어 수업을 받고 있다. 그것은 5시에 끝난다. (take, Japanese, end)

➡ _____

빈출 유형

D 그림을 보고 주어진 표현을 활용하여 각 동물의 위치를 묘사하시오.

1 _____ (cushion)

2 _____ (TV)

3 _____ (table)

Real Test

보기 의 단어를 사용하여 다음 방을 설명하는 문장을 완성하시오.

| 보기 | between | next to | over | on |

1 The desk is _____ _____ _____ _____ the bookshelf.

2 The mobile is _____ the bed.

3 There is a picture _____ _____ _____.

4 The bed is _____ _____ the desk.

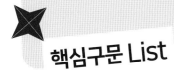

핵심구문 List

Focus 01 주격 인칭대명사와 be동사

Jenny **is** my cousin. **She is** so active. Jenny는 내 사촌이다. 그녀는 매우 활동적이다.

Focus 02 be동사의 보어와 부정문

Dan and I **aren't in the restaurant** now. Dan과 나는 지금 식당에 없다.

Focus 03 일반동사의 형태

Sora **wants** some water. 소라는 약간의 물을 원한다.

Focus 04 일반동사의 부정문

Fred **doesn't like** apple juice. Fred는 사과 주스를 좋아하지 않는다.

Focus 05 be동사가 있는 문장의 의문문

Is the boy your cousin? 그 소년이 너의 사촌이니?

Focus 06 일반동사가 있는 문장의 의문문

Does he like pizza? 그는 피자를 좋아하니?

Focus 07 의문사 who, what, when, where

Who is the girl over there? 저쪽의 그 소녀는 누구니?

Focus 08 의문사 why, how

How often do you exercise? 너는 얼마나 자주 운동을 하니?

Focus 09 be동사의 과거형

Sam **was** so busy yesterday. Sam은 어제 너무 바빴다.

Focus 10 부정문과 의문문

Were you at home then? 너는 그때 집에 있었니?

Focus 11 일반동사의 과거형

You **made** a big mistake. 너는 큰 실수를 했다.

Focus 12 부정문과 의문문

Jenny **didn't work** hard. Jenny는 열심히 일하지 않았다.

Focus 13 현재진행형

He **is sleeping** now. 그는 지금 자고 있다.

Focus 14 과거진행형

You **were having** dinner then. 너는 그때 저녁을 먹고 있었다.

Focus 15 will

I **will** visit Spain someday. 나는 언젠가 스페인을 방문할 것이다.

Focus 16 be going to

I **am going to** go hiking tomorrow. 나는 내일 하이킹을 갈 예정이다.

Focus 17 can, may

He **can** play the guitar well. 그는 기타를 잘 칠 수 있다.

Focus 18 must, have to, should

You **must** follow the rules. 너는 그 규칙을 따라야 한다.

Focus 19 There+be동사

There is a cat under the sofa. 소파 아래에 고양이 한 마리가 있다.

Focus 20 감각동사+형용사

Her eyes **look** so **sad**. 그녀의 눈은 매우 슬퍼 보인다.

Focus 21 수여동사+간접목적어+직접목적어 (4형식 문장)

He **gave me this flower**. 그는 나에게 이 꽃을 주었다.

Focus 22 동사+목적어+목적격보어 (5형식 문장)

He **makes me happy**. 그는 나를 행복하게 한다.

Focus 23 셀 수 있는 명사

Jenny has three **cats**. Jenny는 세 마리의 고양이가 있다.

Focus 24 셀 수 없는 명사

I drank a glass of **milk**. 나는 우유 한 잔을 마셨다.

Focus 25 it의 다양한 쓰임

It's sunny and warm today. 오늘은 맑고 따뜻하다.

Focus **26** 재귀대명사

I enjoyed **myself** at the party. 나는 그 파티에서 즐겁게 보냈다.

Focus **27** some/any, few/little

Henry eats **some** chocolate. Henry는 약간의 초콜릿을 먹는다.

Focus **28** one ~ the other …, each/every/all

One is yours, and **the other** is mine. 하나는 너의 것이고 다른 하나는 내 것이다.

Focus **29** 형용사의 역할과 위치

Jessica is a **nice** girl. She is **kind** to me. Jessica는 착한 소녀이다. 그녀는 내게 친절하다.

Focus **30** 부사의 역할과 위치

Kelly **often** wears blue jeans. Kelly는 자주 청바지를 입는다.

Focus **31** 비교급

Ron is **taller than** his brother. Ron은 그의 형보다 키가 더 크다.

Focus **32** 최상급

You are **the fastest** runner in our school. 너는 우리 학교에서 가장 빠른 주자이다.

Focus **33** 목적어 역할을 하는 to부정사

I want **to be** a doctor. 나는 의사가 되고 싶다.

Focus **34** 주어와 보어 역할을 하는 to부정사

To swim is not easy. 수영하는 것은 쉽지 않다.

Focus **35** 형용사적 용법의 to부정사

He has some work **to do**. 그는 할 일이 좀 있다.

Focus **36** 부사적 용법의 to부정사

We went to the airport **to see her off**. 우리는 그녀를 배웅하기 위해 공항에 갔다.

Focus **37** 동명사의 쓰임

Drinking coffee isn't good for you. 커피를 마시는 것은 너에게 좋지 않다.

Focus **38** 동명사 vs. to부정사

Fred enjoyed **watching** the movie. Fred는 영화 보는 것을 즐겼다.

Focus **39** 감탄문

What a great picture it is! 그것은 정말 멋진 그림이구나!

Focus **40** 명령문, Let's ~

Wash your hands before your meal. 식사하기 전에 손을 씻어라.

Focus **41** 부가의문문

Jenny likes movies, **doesn't she?** Jenny는 영화를 좋아해, 그렇지 않니?

Focus **42** 간접의문문

Do you know **when he will come?** 너는 그가 언제 올지 아니?

Focus **43** 등위접속사

Sam **and** I like soccer, **but** we can't play soccer well.
Sam과 나는 축구를 좋아하지만 우리는 축구를 잘하지 못한다.

Focus **44** 상관접속사

Both Mia **and** Suzie like their science teacher. Mia와 Suzie는 둘 다 그들의 과학 선생님을 좋아한다.

Focus **45** 명사절을 이끄는 접속사 that

I know **that** he is right. 나는 그가 옳다는 것을 안다.

Focus **46** 명사절을 이끄는 접속사 if, whether

She asked **if** I went there. 그녀는 내가 그곳에 갔는지 물었다.

Focus **47** 부사절을 이끄는 접속사 (시간)

When you come, we will begin. 네가 올 때 우리는 시작할 것이다.

Focus **48** 부사절을 이끄는 접속사 (이유, 조건)

He ate quickly **because** he was very hungry. 그는 매우 배가 고파서 빨리 먹었다.

Focus **49** 시간을 나타내는 전치사

Paul takes a shower **in** the morning. Paul은 아침에 샤워를 한다.

Focus **50** 장소, 위치를 나타내는 전치사

The cat is **on** the sofa. 그 고양이는 소파 위에 있다.

특별훈련
서술형
Writing 1 기본

저자 English Bridge

초판 1쇄 발행 2018년 11월 20일
초판 2쇄 발행 2022년 6월 15일

편집장 조미자
책임편집 류은정 · 강남숙
표지디자인 윤미주
디자인 임미영
마케팅 도성욱 · 문신영 · 김성준
관리 차혜은 · 이성희
인쇄 삼화 인쇄

펴낸이 정규도
펴낸곳 ⊙ Happy House
경기도 파주시 문발로 211 다락원 빌딩
전화 02-736-2031 (내선 250)
팩스 02-732-2037
출판등록 1977년 9월 16일 제406-2008-000007호

값 13,000원
ISBN 978-89-6653-558-3 53740

구성 본책, Workbook, 정답
무료 다운로드 정답, Voca List, Unit Test www.ihappyhouse.com
*Happy House는 다락원의 임프린트입니다.

특별훈련

서술형

Writing
1

Workbook

기본

특별훈련

서술형

Writing

1

Workbook

기본

Happy House

Contents

p. 4	Unit 01 be동사의 현재형	Focus 01 주격 인칭대명사와 be동사
		Focus 02 be동사의 보어와 부정문
p. 6	Unit 02 일반동사의 현재형	Focus 03 일반동사의 형태
		Focus 04 일반동사의 부정문
p. 8	Unit 03 의문사 없는 의문문	Focus 05 be동사가 있는 문장의 의문문
		Focus 06 일반동사가 있는 문장의 의문문
p. 10	Unit 04 의문사 있는 의문문	Focus 07 의문사 who, what, when, where
		Focus 08 의문사 why, how
p. 12	Unit 05 과거시제(be동사)	Focus 09 be동사의 과거형
		Focus 10 부정문과 의문문
p. 14	Unit 06 과거시제(일반동사)	Focus 11 일반동사의 과거형
		Focus 12 부정문과 의문문
p. 16	Unit 07 진행형	Focus 13 현재진행형
		Focus 14 과거진행형
p. 18	Unit 08 미래시제	Focus 15 will
		Focus 16 be going to
p. 20	Unit 09 조동사	Focus 17 can, may
		Focus 18 must, have to, should
p. 22	Unit 10 There+be동사, 감각동사	Focus 19 There+be동사
		Focus 20 감각동사+형용사
p. 24	Unit 11 4형식 문장, 5형식 문장	Focus 21 수여동사+간접목적어+직접목적어(4형식 문장)
		Focus 22 동사+목적어+목적격보어(5형식 문장)
p. 26	Unit 12 명사	Focus 23 셀 수 있는 명사
		Focus 24 셀 수 없는 명사

p. 28	**Unit 13** 대명사	Focus **25** it의 다양한 쓰임
		Focus **26** 재귀대명사
p. 30	**Unit 14** 부정대명사, 부정형용사	Focus **27** some/any, few/little
		Focus **28** one ~ the other ..., each/every/all
p. 32	**Unit 15** 형용사, 부사	Focus **29** 형용사의 역할과 위치
		Focus **30** 부사의 역할과 위치
p. 34	**Unit 16** 비교구문	Focus **31** 비교급
		Focus **32** 최상급
p. 36	**Unit 17** to부정사 1	Focus **33** 목적어 역할을 하는 to부정사
		Focus **34** 주어와 보어 역할을 하는 to부정사
p. 38	**Unit 18** to부정사 2	Focus **35** 형용사적 용법의 to부정사
		Focus **36** 부사적 용법의 to부정사
p. 40	**Unit 19** 동명사	Focus **37** 동명사의 쓰임
		Focus **38** 동명사 vs. to부정사
p. 42	**Unit 20** 문장의 종류 1	Focus **39** 감탄문
		Focus **40** 명령문, Let's ~
p. 44	**Unit 21** 문장의 종류 2	Focus **41** 부가의문문
		Focus **42** 간접의문문
p. 46	**Unit 22** 접속사 1	Focus **43** 등위접속사
		Focus **44** 상관접속사
p. 48	**Unit 23** 접속사 2	Focus **45** 명사절을 이끄는 접속사 that
		Focus **46** 명사절을 이끄는 접속사 if, whether
p. 50	**Unit 24** 접속사 3	Focus **47** 부사절을 이끄는 접속사(시간)
		Focus **48** 부사절을 이끄는 접속사(이유, 조건)
p. 52	**Unit 25** 전치사	Focus **49** 시간을 나타내는 전치사
		Focus **50** 장소, 위치를 나타내는 전치사

Focus **01** 주격 인칭대명사와 be동사

[정답 p. 22]

A 밑줄 친 부분을 어법상 바르게 고치시오.

1 I <u>are</u> his sister. ➡ _____

2 This book <u>are</u> very interesting. ➡ _____

3 My parents <u>is</u> from the U.S. ➡ _____

4 He <u>are</u> in the library. ➡ _____

5 This is Cindy. <u>It is</u> a famous student. ➡ _____

6 The boy is sick. <u>She is</u> in the hospital. ➡ _____

B 우리말과 일치하도록 빈칸에 알맞은 말을 쓰시오.

1 Suzie and I _____ in the same class. Suzie와 나는 같은 반이다.

2 The boys _____ my friends. 저 소년들은 내 친구들이다.

3 _____ _____ free today. 나는 오늘 한가하다.

4 Fred _____ in Busan now. Fred는 지금 부산에 있다.

5 My favorite color _____ purple. 내가 가장 좋아하는 색은 보라색이다.

6 _____ _____ sleepy. 그들은 졸리다.

C 우리말과 일치하도록 주어진 말을 이용하여 영어로 옮기시오.

1 우리는 지금 도서관에 있다. (in the library, now)

➡ _____

2 이 가방은 매우 크다. (this bag, very big)

➡ _____

3 나는 그의 형이다. (his brother)

➡ _____

4 그들은 좋은 친구이다. (good friends)

➡ _____

[정답 p. 22]

Focus 02 be동사의 보어와 부정문

A 괄호 안에서 알맞은 말을 고르시오.

1 This food (is not / are not) delicious.

2 We (is not / are not) at home now.

3 Sally (is not / are not) my sister.

4 (I'm not/ I amn't] your teacher.

5 Peter and I (is not / are not) angry with you.

B 우리말과 일치하도록 주어진 말을 이용하여 영어로 옮기시오.

1 그는 영국 출신이 아니다. (from England)

   ⇒ _____

2 나의 학교는 도시에 있지 않다. (my school, in the city)

   ⇒ _____

3 그들은 한국인이 아니다. (Koreans)

   ⇒ _____

4 나는 힘이 세지 않다. (strong)

   ⇒ _____

C 지시에 맞게 주어진 문장을 바꿔 쓰시오.

1 This cartoon is boring. (부정문으로)

   ⇒ _____

2 Sam is not active in any sports. (Sam을 We로)

   ⇒ _____

3 These buildings are old. (부정문으로)

   ⇒ _____

4 Paul is not a high school student. (Paul을 I로)

   ⇒ _____

A 밑줄 친 부분을 어법상 바르게 고치시오.

1 My sister and I <u>eats</u> dinner at 7 p.m. ⇒ _____

2 Sora <u>like</u> ice cream. ⇒ _____

3 We <u>wears</u> school uniforms. ⇒ _____

4 Yuna <u>wash</u> her hair every morning. ⇒ _____

5 Minho <u>studys</u> English and math. ⇒ _____

B 밑줄 친 부분을 주어진 말로 시작하는 문장으로 바꿔 쓰시오.

1 <u>I</u> take a walk in the park. (She)

⇒ _____

2 <u>Fred and Min</u> go to school by subway. (Min)

⇒ _____

3 <u>We</u> make toys for kids. (He)

⇒ _____

4 <u>They</u> live in Busan. (Suzie)

⇒ _____

C 우리말과 일치하도록 주어진 말을 이용하여 영어로 옮기시오.

1 나의 개는 공을 갖고 논다. (play)

⇒ _____

2 그 소년은 영어와 역사를 공부한다. (study)

⇒ _____

3 그녀는 주말마다 도서관에 간다. (go)

⇒ _____

4 우리 수업은 오전 9시에 시작한다. (start)

⇒ _____

Focus 04 일반동사의 부정문

A 밑줄 친 부분을 어법상 바르게 고치시오.

1 I <u>does not</u> dance well. ➡ _____

2 He <u>do not</u> like movies. ➡ _____

3 We <u>doesn't</u> wear glasses. ➡ _____

4 His friends <u>does not</u> know me. ➡ _____

5 The museum <u>do not</u> open today. ➡ _____

B 우리말과 일치하도록 빈칸에 알맞은 말을 쓰시오.

1 그는 안경을 쓰지 않는다. (wear glasses)

➡ He _____ _____ _____ glasses.

2 너는 나와 농구를 하지 않는다. (play)

➡ You _____ _____ _____ basketball with me.

3 Peter는 우유를 좋아하지 않는다. (like)

➡ Peter _____ _____ _____ milk.

4 그 아이들은 일찍 자지 않는다. (go to bed)

➡ The children _____ _____ _____ to bed early.

C 우리말과 일치하도록 주어진 말을 이용하여 영어로 옮기시오.

1 그녀는 이 드라마를 보지 않는다. (watch)

➡ _____

2 나는 그의 휴대선와 번호를 모른다. (have)

➡ _____

3 나의 아빠는 우체국에서 일하지 않으신다. (work, at the post office)

➡ _____

4 그는 자전거를 타고 학교에 간다. (go, by bike)

➡ _____

A 다음 문장을 의문문으로 고쳐 쓰시오.

1 Sora is your classmate. ⇒ _____

2 The movie is exciting. ⇒ _____

3 The jeans are expensive. ⇒ _____

4 Eric is in his room. ⇒ _____

5 The girls are twins. ⇒ _____

B 다음 질문에 알맞은 대답을 완성하시오.

1 A: Are you in the living room?

   B: Yes, _____ _____.

2 A: Are the kids tired?

   B: Yes, _____ _____.

3 A: Is your sister kind to you?

   B: No, _____ _____.

4 A: Is the actor famous in the Philippines?

   B: No, _____ _____.

C 우리말과 일치하도록 주어진 말을 이용하여 영어로 옮기시오.

1 저 남자가 Green 씨이신가요? (the man, Mr. Green)

   ⇒ _____

2 Dan과 Paul은 과학을 잘하니? (be good at)

   ⇒ _____

3 너의 사촌들은 런던에 있니? (cousin, London)

   ⇒ _____

4 그들은 축구선수들이니? (soccer players)

   ⇒ _____

Focus 06 일반동사가 있는 문장의 의문문

A 다음 문장을 의문문으로 고쳐 쓰시오.

1 Fred like cheesecake. ➡ _____

2 You have a sister. ➡ _____

3 They want some water. ➡ _____

4 The farmer grows corn. ➡ _____

5 She reads magazines. ➡ _____

B 다음 질문에 알맞은 대답을 완성하시오.

1 A: Do you go to bed early?

B: Yes, _____ _____.

2 A: Does the store open on Monday?

B: No, _____ _____.

3 A: Does he like mobile games?

B: Yes, _____ _____.

4 A: Do they have lunch at noon?

B: No, _____ _____.

C 우리말과 일치하도록 주어진 말을 이용하여 영어로 옮기시오.

1 Sally는 그녀의 엄마를 도와 드리니? (help)

➡ _____

2 너는 매주 이 수업을 듣니? (take, this class)

➡ _____

3 Ryan은 별명이 있니? (have, a nickname)

➡ _____

4 Greg와 Sam은 집에 일찍 들어오니? (come home)

➡ _____

A 우리말과 일치하도록 알맞은 의문사를 쓰시오.

1 _____ wants a hamburger for lunch? 누가 점심으로 햄버거를 원하니?

2 _____ is the World Cup final game? 월드컵 결승전은 언제니?

3 _____ color do you like? 너는 어떤 색깔을 좋아하니?

4 _____ was she last night? 그녀는 지난밤 어디에 있었니?

B 질문에 대한 알맞은 대답을 보기에서 골라 쓰시오.

1 A: Who is the woman in red shirt?

B: _____

2 A: When do you go to bed?

B: _____

3 A: Where is Sumi now?

B: _____

4 A: What do you do in your free time?

B: _____

보기
I go to bed at 10 p.m.
She is in the bathroom.
I listen to music.
She is my aunt.

C 우리말과 일치하도록 주어진 말을 이용하여 영어로 옮기시오.

1 그 축제는 언제 시작하니? (begin)

➡ _____

2 그녀는 어떤 꽃들을 좋아하니? (like)

➡ _____

3 저쪽에 있는 그 남자아이는 누구니? (over there)

➡ _____

4 그들은 어디에서 버스를 내리니? (get off)

➡ _____

Focus 08 의문사 why, how

[정답 p. 23]

A 우리말과 일치하도록 알맞은 의문사를 쓰시오.

1 _____ _____ is your grandmother? 너의 할머니는 연세가 어떻게 되시니?

2 _____ _____ are you? 너는 키가 얼마나 되니?

3 _____ _____ is the river? 그 강은 길이가 얼마나 되니?

4 _____ _____ is it from here? 그것은 여기에서 얼마나 머니?

5 _____ _____ time do you need? 너는 얼마의 시간이 필요하니?

B 질문에 대한 알맞은 대답을 보기에서 골라 쓰시오.

1 A: Why were you absent from class?

B: _____

2 A: How is the weather today?

B: _____

3 A:How much money do you have?

B: _____

4 A: How many classes do you take?

B: _____

보기

It is sunny and warm.
I take six classes.
I have about 10,000 won.
I was very sick.

C 우리말과 일치하도록 주어진 말을 이용하여 영어로 옮기시오.

1 너는 학교에 어떻게 가니? (go)

➡ _____

2 그는 왜 새 휴대전화를 원하니? (want)

➡ _____

3 너는 왜 매일 운동하니? (exercise)

➡ _____

Focus **09** be동사의 과거형

[정답 p. 23]

A 밑줄 친 부분을 어법상 바르게 고치시오.

1 Sam <u>is</u> so busy last month.

➡ _____

2 We <u>are</u> elementary school students last year.

➡ _____

3 They <u>are</u> at the same school last year.

➡ _____

4 She <u>is</u> so happy last weekend.

➡ _____

5 I <u>am</u> tired yesterday.

➡ _____

B 우리말과 일치하도록 빈칸에 알맞은 be동사를 쓰시오.

1 민호는 그때 영화관에 있었다.

➡ Minho _____ in the theater then.

2 그녀는 나의 담임선생님이었다.

➡ She _____ my homeroom teacher.

3 그 책은 책상 위에 없었다.

➡ The books _____ not on the desk.

4 나의 부모님은 2000년도에 L.A.에 계셨다.

➡ My parents _____ in L.A. in 2000.

C 우리말과 일치하도록 주어진 말을 이용하여 영어로 옮기시오.

1 그 드라마는 작년에 인기 있었다. (popular)

➡ _____

2 소라는 지난달에 매우 아팠다. (ill)

➡ _____

3 그 코치는 2년 전에 야구선수였다. (the coach, ago)

➡ _____

4 Tom은 그때 서점에 있었다. (in the bookstore, then)

➡ _____

12

Focus
10 부정문과 의문문

[정답 p. 23]

A 다음 문장을 지시대로 바꿔 쓰시오.

1 She was at the zoo yesterday. (부정문으로)

➡ _____

2 Your sister was at home then? (의문문으로)

➡ _____

3 His dad was a teacher. (의문문으로)

➡ _____

4 They were members of our club. (부정문으로)

➡ _____

B 우리말과 일치하도록 빈칸에 알맞은 말을 쓰시오.

1 그의 방은 크지 않았다. ➡ His room _____ large.

2 너와 Karl은 그 식당에 있었니? ➡ _____ you and Karl in the restaurant?

3 나는 배가 고프지 않았다. ➡ I _____ _____ hungry.

4 그 과일과 채소들은 싱싱했니? ➡ _____ the fruit and vegetables fresh?

C 우리말과 일치하도록 주어진 말을 이용하여 영어로 옮기시오.

1 Sally는 지난 주말에 집에 없었다. (at home)

➡ _____

2 이 신발은 작년에 작지 않았다. (shoes, small)

➡ _____

3 그는 어제 너에게 친절했니? (kind)

➡ _____

4 그들은 어젯밤에 너와 함께 있었니? (with)

➡ _____

Focus 11 일반동사의 과거형

[정답 p. 23]

A 밑줄 친 부분을 과거형으로 바꿔 문장을 다시 쓰시오.

1 He <u>runs</u> so fast. ➡ _____

2 I <u>drink</u> a lot of water. ➡ _____

3 They <u>try</u> hard for the test. ➡ _____

4 She <u>sings</u> well. ➡ _____

5 We <u>call</u> our grandparents. ➡ _____

B 우리말과 일치하도록 주어진 말을 알맞은 형태로 바꿔 쓰시오.

1 Daniel은 오늘 아침에 지갑을 잃어버렸다.

➡ Daniel _____(lose) his wallet this morning.

2 우리는 어제 수학을 공부했다.

➡ We _____(study) math yesterday.

3 내 여동생은 연필을 떨어뜨렸다.

➡ My sister _____(drop) a pencil.

4 Ann은 10시간 동안 잤다.

➡ Ann _____(sleep) for 10 hours.

C 우리말과 일치하도록 주어진 말을 이용하여 영어로 옮기시오.

1 한 무리의 새가 하늘을 날아갔다. (fly, a flock of)

➡ _____

2 Greg는 꽃들의 사진을 찍었다. (take pictures of)

➡ _____

3 나의 아빠는 어제 운전해서 직장에 갔다. (drive to work)

➡ _____

4 그 여자아이는 파란색 바지를 입었다. (wear)

➡ _____

Focus **12** 부정문과 의문문

[정답 p. 23]

A 다음 문장을 지시대로 바꿔 쓰시오.

1 Jenny worked hard. (부정문으로)

➡ _____

2 The boy helped me yesterday. (부정문으로)

➡ _____

3 She told you a lie. (의문문으로)

➡ _____

B 우리말과 일치하도록 어법상 <u>틀린</u> 부분을 바르게 고치시오.

1 미나는 내 전화를 받지 않았다.
➡ Mina didn't answers my call.   _____ ➡ _____

2 너는 어제 잠을 잘 잤니?
➡ Were you sleep well last night?   _____ ➡ _____

3 그 아이는 게임을 그만두었니?
➡ Did the child stopped the game?   _____ ➡ _____

4 나는 너의 문자메시지를 받지 못했다.
➡ I don't get your text message.   _____ ➡ _____

C 우리말과 일치하도록 주어진 말을 이용하여 영어로 옮기시오.

1 Wendy는 친구가 많지 않았다. (have, many friends)

➡ _____

2 너는 요가 클럽에 가입했니? (join, the yoga club)

➡ _____

3 그는 어제 검정색 정장을 입었니? (wear, a black suit)

➡ _____

 현재진행형

[정답 p. 24]

A 밑줄 친 부분을 현재진행형으로 바꿔 문장을 다시 쓰시오.

1 The kids <u>sleep</u> now.   ➡ _____

2 Henry <u>ties</u> up his shoestrings.   ➡ _____

3 We <u>don't listen to</u> music.   ➡ _____

4 She <u>doesn't play</u> the mobile game.   ➡ _____

5 <u>Do you swim</u> in the pool?   ➡ _____

B 우리말과 일치하도록 주어진 말을 이용하여 문장을 완성하시오.

1 아빠는 휴대전화로 인터넷을 검색하고 계신다. (search)

➡ Dad _____ _____ the Internet with his cell phone.

2 너는 지금 그 야구 경기를 보고 있니? (watch)

➡ _____ you _____ the baseball game now?

3 Jack은 지금 나의 집으로 오고 있니? (come)

➡ _____ Jack _____ to my house now?

4 나는 공원에서 달리고 있다. (run)

➡ I _____ _____ in the park.

C 우리말과 일치하도록 주어진 말을 이용하여 영어로 옮기시오.

1 Jenny는 피자를 만들고 있다. (make, pizza)

➡ _____

2 Mia는 재킷을 입고 있지 않다. (wear, a jacket)

➡ _____

3 너의 엄마는 지금 운전 중이시니? (drive, her car)

➡ _____

4 그는 지금 나에게 거짓말을 하고 있다. (lie, to me)

➡ _____

16

 **Focus 14 과거진행형**

[정답 p. 24]

A 밑줄 친 부분을 과거진행형으로 바꿔 문장을 다시 쓰시오.

1 You <u>had</u> dinner with Sam.   ⇒ _____

2 The flowers <u>died</u>.   ⇒ _____

3 Karl <u>planned</u> a trip to Japan.   ⇒ _____

4 I <u>didn't read</u> the newspapers.   ⇒ _____

5 <u>Did Ann smile</u> at me?   ⇒ _____

B 우리말과 일치하도록 주어진 말을 이용하여 문장을 완성하시오.

1 그 요리사는 빵을 굽고 있었다. (bake)

⇒ The chef _____ _____ some bread.

2 그 두 아이는 돗자리에 누워 있었니? (lie)

⇒ _____ the two kids _____ on the picnic mat?

3 우리 팀은 그 경기를 이기고 있지 않았다. (win)

⇒ Our team _____ _____ _____ the game.

4 나는 화장실에서 손을 씻고 있었다. (wash)

⇒ I _____ _____ my hands in the bathroom.

C 우리말과 일치하도록 주어진 말을 이용하여 영어로 옮기시오.

1 그때 눈이 많이 내리고 있었다. (it, snow)

⇒ _____

2 너는 그때 엄마를 돕고 있었니? (help, then)

⇒ _____

3 소라는 TV로 영화를 보고 있었다. (watch, on TV)

⇒ _____

4 그들은 좋은 시간을 보내고 있지 않았다. (have a good time)

⇒ _____

A 주어진 말을 이용하여 문장을 다시 쓰시오.

1 My grandmother is 70 years old. (next year)

➡ _____

2 He took Chinese class. (next month)

➡ _____

3 Claire came back from vacation. (tomorrow)

➡ _____

4 I went hiking in the mountains. (next Sunday)

➡ _____

B 우리말과 일치하도록 주어진 말을 사용하여 문장을 완성하시오.

1 우리는 너를 오늘 저녁식사에 초대할 것이다. (invite)

➡ We _____ _____ you to the dinner tonight.

2 그는 내일 축구를 하지 않을 것이다. (play)

➡ He _____ _____ soccer tomorrow.

3 Sally는 다음 달에 부산으로 이사를 갈 거니? (move)

➡ _____ Sally _____ to Busan next month?

C 우리말과 일치하도록 주어진 말을 이용하여 영어로 옮기시오.

1 민호는 비밀을 지킬 것이다. (keep the secret)

➡ _____

2 그녀는 오늘밤 외출하지 않을 것이다. (go out)

➡ _____

3 너는 여기서 Sam을 만날 거니? (meet)

➡ _____

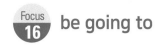

Focus **16** be going to

[정답 p. 24]

Unit 08 미래시제

A 밑줄 친 부분을 어법상 바르게 고치시오.

1 A: Are you going to do your homework soon?

   B: Yes, I <u>do</u>.　　　　　　　　　　　➡ _____

2 A: Is your dad going to <u>goes</u> hiking tomorrow?

   B: No, he isn't.　　　　　　　　　　　➡ _____

3 A: Are the children going to play soccer?

   B: Yes, they <u>were</u>.　　　　　　　　　➡ _____

B 우리말과 일치하도록 빈칸에 알맞은 말을 쓰시오.

1 그 버스는 곧 도착할 것이다. (arrive)

   ➡ The bus_____ _____ _____ _____ soon.

2 그는 내년에 유럽을 여행할 예정이니? (travel)

   ➡ _____ _____ _____ _____ _____ to Europe next year?

3 그 동물원은 이번 달에 문을 열지 않을 것이다. (open)

   ➡ The zoo _____ _____ _____ _____ this month.

C 우리말과 일치하도록 주어진 말을 이용하여 영어로 옮기시오.

1 그 경기는 다음 화요일에 시작할 것이다. (begin)

   ➡ _____

2 우리는 오늘 늦게까지 일을 하지 않을 것이다. (work, until late)

   ➡ _____

3 너의 여동생은 내년에 중학교 학생이 되니? (be, middle school student)

   ➡ _____

Unit 08 **19**

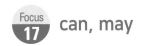

Focus **17** **can, may**

A 우리말과 일치하도록 can, may 중에서 알맞은 조동사를 쓰시오. (필요하면 not을 넣을 것)

1 너는 일본어를 말할 수 있니? ➡ _____ you speak Japanese?

2 TV를 켜 주시겠어요? ➡ _____ you turn on the TV?

3 너는 내 옷을 입으면 안 된다. ➡ You _____ _____ wear my clothes.

4 제가 이 음식을 먹어도 될까요? ➡ _____ I have this food?

5 그는 지금 배고플지도 모른다. ➡ He _____ be hungry now.

B 우리말과 일치하도록 **틀린** 부분을 바르게 고쳐서 문장을 다시 쓰시오.

1 He can be sleeping in his room now. 그는 지금 방에서 자고 있을지도 모른다.

➡ _____

2 May you tell me about your family? 너의 가족에 대해 나에게 말해 줄래?

➡ _____

3 Mr. Brown can fix the clock. Brown 씨는 그 시계를 고칠 수 있었다.

➡ _____

4 It cannot be sunny tomorrow. 내일 날씨가 화창하지 않을지도 모른다.

➡ _____

C 우리말과 일치하도록 주어진 말을 이용하여 영어로 옮기시오.

1 나를 위해 이것을 들어줄 수 있니? (carry, for me)

➡ _____

2 우리는 희망 없이 살 수 없다. (live, without hope)

➡ _____

3 너는 이 선물을 좋아하지 않을지도 모른다. (like, this gift)

➡ _____

4 Tim은 너의 이름을 알고 있을지도 모른다. (know)

➡ _____

Focus 18 must, have to, should

[정답 p. 25]

A 우리말과 일치하도록 괄호 안에서 알맞은 말을 <u>모두</u> 고르시오.

1 너는 그 규칙을 따라야 한다.   ➡ You (must / have to) follow the rules.

2 너는 그 규칙을 따라야 했다.   ➡ You (must / had to) follow the rules.

3 그는 영리함에 틀림없다   ➡ He (must / have to) be wise.

4 우리는 돈을 모아야 한다.   ➡ We (should / must) save money.

5 우리는 돈을 모을 필요가 없다.   ➡ We (should not / don't have to) save money.

6 그가 늦을 리가 없다.   ➡ He (don't have to / cannot) be late.

B 우리말과 일치하도록 빈칸에 알맞은 조동사를 쓰시오.

1 우리는 도서관에서 조용히 해야 할 것이다.

➡ We _____ _____ _____ be quiet in the library.

2 너는 그 음식을 다 먹을 필요는 없다.

➡ You _____ _____ _____ finish all the food.

3 Ann은 오랜 시간 동안 컴퓨터 게임을 하지 않는 게 좋겠다.

➡ Ann _____ _____ play computer games for a long time.

4 Ben은 호주에서 왔음에 틀림없다.

➡ Ben _____ be from Australia.

C 우리말과 일치하도록 주어진 말을 이용하여 영어로 옮기시오.

1 그는 주의 깊게 운전해야 한다. (should, drive, carefully)

➡ _____

2 그녀는 모든 질문에 대답해야 했다. (answer, all the questions)

➡ _____

3 너는 나에게 솔직해야 한다. (must, honest, to me)

➡ _____

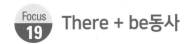
A 밑줄 친 부분을 어법상 바르게 고치시오.

1 There <u>are</u> a doll under the sofa. ⇒ _____

2 There <u>was</u> some pictures on the wall. ⇒ _____

3 <u>Is</u> there many people at the festival? ⇒ _____

4 There <u>aren't</u> any cheese in the refrigerator. ⇒ _____

5 <u>Are</u> there a cat under the bed? ⇒ _____

B 우리말과 일치하도록 빈칸에 알맞은 말을 쓰시오.

1 밥통에 밥이 많이 있다.

⇒ _____ _____ a lot of rice in the rice cooker.

2 탁자 위에 꽃들이 있었다.

⇒ _____ _____ some flowers on the table.

3 A: 가방 안에 물통이 있었니? B: 아니, 없었어.

⇒ A: _____ _____ a bottle of water in the bag?

B: No, _____ _____.

4 이 근처에 도서관이 없었다.

⇒ _____ _____ a library near here.

C 우리말과 일치하도록 주어진 말을 이용하여 영어로 옮기시오.

1 코트 주머니에 약간의 돈이 있었다. (there, some money, the coat pocket)

⇒ _____

2 거실에는 편안한 소파가 있다. (there, comfortable, the living room)

⇒ _____

3 쇼핑몰 안에는 많은 사람들이 있었다. (there, people, the mall)

⇒ _____

22

Focus 20 감각동사 + 형용사

A 밑줄 친 부분을 어법상 바르게 고치시오.

1 Her hairstyle looks so <u>greatly</u>. ➡ _____

2 Your idea sounds <u>nicely</u> to me. ➡ _____

3 We felt like <u>strange</u> at the party. ➡ _____

4 This cake tastes really <u>sweetly</u>. ➡ _____

5 Durians smell <u>awfully</u>. ➡ _____

B 우리말과 일치하도록 주어진 말을 이용하여 문장을 완성하시오.

1 그녀의 눈은 매우 맑아 보인다. (clear)

➡ Her eyes look so _____.

2 이것은 진짜 가죽처럼 느껴진다. (look)

➡ This _____ _____ real leather.

3 그의 말은 내게 소음처럼 들린다. (sound)

➡ His words _____ _____ noise to me.

4 이 음식은 맛있는 냄새가 난다. (delicious)

➡ This food smells _____.

C 우리말과 일치하도록 주어진 말을 이용하여 영어로 옮기시오.

1 그 여자아이는 피곤해 보였다. (tired)

➡ _____

2 이 노래는 신나게 들린다. (song, exciting)

➡ _____

3 나는 그 축제에서 매우 행복하게 느꼈다. (very, happy, at the festival)

➡ _____

4 그 치킨은 너무 느끼한 맛이 난다. (chicken, too oily)

➡ _____

Focus 21 수여동사 + 간접목적어 + 직접목적어(4형식 문장)

A 두 문장이 같은 뜻이 되도록 전치사를 이용하여 문장을 다시 쓰시오.

1 He gave me this flower.

➡ _____

2 Sora showed us her new cell phone.

➡ _____

3 Junha cooked us some food.

➡ _____

4 My grandmother bought me this cap.

➡ _____

B 밑줄 친 부분을 어법상 바르게 고쳐서 문장을 다시 쓰시오.

1 Ms. Green teaches music <u>for</u> us.

➡ _____

2 Fred and I will make a cake <u>to</u> our parents.

➡ _____

3 Lisa asked some questions <u>in</u> me.

➡ _____

C 우리말과 일치하도록 주어진 말을 이용하여 영어로 옮기시오. (4형식 문장으로 쓸 것)

1 너는 어제 나에게 이메일을 보냈니? (send, an email)

➡ _____

2 소라는 그에게 내 소식을 말해주었다. (Sora, tell, news)

➡ _____

3 민호는 나에게 이 쿠키를 가져다주었다. (Minho, bring, cookies)

➡ _____

Focus 22 동사 + 목적어 + 목적격보어(5형식 문장)

[정답 p. 25]

A 우리말과 일치하도록 밑줄 친 부분을 어법상 바르게 고치시오.

1 Tom makes me <u>happily</u>. Tom은 나를 행복하게 해준다.　　⇒ _____

2 She calls <u>Honey me</u>. 그녀는 나를 허니라고 부른다.　　⇒ _____

3 She kept her body <u>warmly</u>. 그녀는 몸을 따뜻하게 유지했다.　　⇒ _____

4 We found the class <u>interestingly</u>.　　⇒ _____
우리는 그 수업이 재미있다는 것을 알았다.

B 우리말과 일치하도록 주어진 말을 바르게 배열하시오.

1 이 노래는 그 가수를 세계적인 스타로 만들었다.
(a worldwide star / the singer / this song / made)

⇒ _____

2 그 아이는 그 인형을 미니라고 불렀다. (called / Mini / the child / the doll)

⇒ _____

3 나는 내 책상을 항상 깨끗하게 유지한다. (my desk / I / all the time / keep / clean)

⇒ _____

4 Tom은 그 책이 쉽다는 것을 알았다. (easy / found / the book / Tom)

⇒ _____

C 우리말과 일치하도록 주어진 말을 이용하여 영어로 옮기시오.

1 그는 그의 개를 파이라고 이름 지었다. (name, Pie)

⇒ _____

2 나는 그 드라마가 재미있다고 생각한다. (find, interesting)

⇒ _____

3 그의 말은 우리를 편안하게 느끼게 만들었다. (words, make, feel, comfortable)

⇒ _____

Focus 23 셀 수 있는 명사

[정답 p. 25]

A 밑줄 친 부분을 어법상 바르게 고치시오.

1 We saw many <u>horse</u> in Jeju-do. ➡ _____

2 We caught many <u>fishes</u>. ➡ _____

3 Dad is taking some <u>photoes</u>. ➡ _____

4 Our <u>lifes</u> will be better soon. ➡ _____

5 Some <u>gooses</u> are swimming. ➡ _____

B 우리말과 일치하도록 주어진 말을 빈칸에 알맞은 형태로 바꿔 쓰시오.

1 두 남자가 벤치에 앉아 있었다. (man)

➡ _____ _____ were sitting on the bench.

2 너는 지우개가 있니? (eraser)

➡ Do you have _____ _____?

3 쥐들은 정말 치즈를 좋아할까? (mouse)

➡ Do _____ really like cheese?

4 나는 자기 전에 이를 닦는다. (my tooth)

➡ I brush _____ _____ before I go to bed.

C 우리말과 일치하도록 주어진 말을 이용하여 영어로 옮기시오.

1 많은 잎들이 땅에 떨어지고 있다. (leaf, fall, on the ground)

➡ _____

2 나는 농장에서 양 몇 마리를 보았다. (see, a few, sheep, on the farm)

➡ _____

3 탁자 위에 오렌지가 한 개 있다. (there, orange)

➡ _____

4 그 아이들은 몇 살이니? (child, how old)

➡ _____

Focus 24 셀 수 없는 명사

[정답 p. 26]

A 빈칸에 알맞은 말을 쓰시오.

1 많은 사랑 ➡ _____ love

2 수프 두 그릇 ➡ two _____ of soup

3 종이 세 장 ➡ three _____ of paper

4 설탕 두 스푼 ➡ two _____ of sugar

5 약간의 정보 ➡ _____ information

6 많은 관심 ➡ _____ of attention

B 우리말과 일치하도록 주어진 말을 이용하여 문장을 완성하시오.

1 나는 우유 한 잔을 마셨다. (glass)

➡ I drank _____ _____ _____ milk.

2 Sam은 치즈케이크 두 조각을 샀다. (piece)

➡ Sam bought _____ _____ _____ cheesecake.

3 하루 한 잔의 커피는 건강에 나쁘지 않다. (cup, be)

➡ _____ _____ _____ coffee a day _____ not bad for your health.

C 우리말과 일치하도록 주어진 말을 이용하여 영어로 옮기시오.

1 우리는 올해 비가 많이 오지 않았다. (have, much, this year)

➡ _____

2 나는 그 잼을 위해 설탕을 많이 샀다. (buy, lots of, for the jam)

➡ _____

3 그는 돈이 좀 필요하다. (need, some)

➡ _____

Focus 25 it의 다양한 쓰임

[정답 p. 26]

A 다음 문장을 우리말로 옮기시오.

1 It's sunny and warm today.　　➡ _____

2 It's Friday.　　➡ _____

3 It's Sujin's jacket.　　➡ _____

4 It's twelve o'clock.　　➡ _____

5 It's so cold today.　　➡ _____

6 It was October 2nd yesterday.　　➡ _____

7 It's about 2 kilometers from here.　　➡ _____

B 괄호 안에서 알맞은 말을 고르시오.

1 A: What time is (it / that) now?

　 B: (It / That) is 9 o'clock.

2 Lisa bought a pencil yesterday, but she lost (it / them) this morning.

3 I got some money from my uncle. I gave some of (it / them) to my sister.

4 Mina wants the red skirt. She likes (its / their) style.

C 우리말과 일치하도록 주어진 말을 이용하여 영어로 옮기시오.

1 나는 그것을 도서관에서 잊어버렸다. (lose, library)

　➡ _____

2 벌써 금요일이다. (already)

　➡ _____

3 밖은 어둡다. (dark, outside)

　➡ _____

Focus 26 재귀대명사

[정답 p. 26]

A 우리말과 일치하도록 괄호 안에서 알맞은 말을 고르시오.

1 나는 그 파티에서 즐겁게 보냈다.

➡ I enjoyed (meself / myself) at the party.

2 그는 자기 자신을 정말 사랑한다.

➡ He really loves (himself / hisself).

3 너는 너 자신에 대해 잘 아니?

➡ Do you know (youself / yourself) well enough?

B 우리말과 일치하도록 주어진 말을 이용하여 문장을 완성하시오.

1 그 어린 소녀는 스스로 옷을 입을 수 있다. (she)

➡ The little girl can dress _____.

2 그 남자는 거울 속의 자기 자신을 보았다. (he)

➡ The man looked at _____ in the mirror.

3 네가 직접 이 음식을 만들었니? (you)

➡ Did you made this food _____?

4 우리 스스로는 그 결과에 만족한다. (we)

➡ We _____ are satisfied with the result.

C 우리말과 일치하도록 주어진 말을 이용하여 영어로 옮기시오.

1 Jack은 자기 자신에 대해 자랑스러워한다. (be proud of)

➡ _____

2 그 여자는 자기 자신에 대한 이야기를 했다. (talk about)

➡ _____

3 내가 직접 이 가방을 만들었다. (make, bag)

➡ _____

4 그들은 자신들의 사진을 찍었다. (take pictures of)

➡ _____

 **some/any, few/little**

[정답 p. 26]

A 우리말과 일치하도록 어법상 <u>틀린</u> 부분을 바르게 고쳐서 문장을 다시 쓰시오.

1 Henry eats any chocolate. Henry는 약간의 초콜릿을 먹는다.

➡ _____

2 Do you have some friends in this city? 너는 이 도시에 친구가 있니?

➡ _____

3 He passed this way a little minutes ago. 그는 몇 분 전에 이 길을 지나갔다.

➡ _____

4 She put a few sugar in her coffee. 그녀는 커피에 설탕을 약간 넣었다.

➡ _____

B 우리말과 일치하도록 빈칸에 알맞은 말을 쓰시오.

1 우리는 아침을 먹을 시간이 거의 없다.

➡ We have _____ time for breakfast.

2 눈이 내려서 거리에 차가 거의 없었다.

➡ There were _____ cars on the street because of the snow.

3 나는 오후 8시 이후에는 어떤 음식도 먹지 않았다.

➡ I didn't have _____ food after 8 p.m.

C 우리말과 일치하도록 주어진 말을 이용하여 영어로 옮기시오.

1 그는 그 경기에서 몇 개의 실수를 했다. (make a mistake)

➡ _____

2 나는 우유를 약간 마시고 잠자리에 들었다. (drink, and)

➡ _____

3 소라는 여동생이 없다. (Sora, have, sisters)

➡ _____

30

Focus 28 one ~ the other …, each/every/all

[정답 p. 26]

A 우리말과 일치하도록 괄호 안에서 알맞은 말을 고르시오.

1 모든 아이가 귀엽고 예뻤다.

⇒ (All / Every) child was cute and pretty.

⇒ (All / Every) children were cute and pretty.

2 우리들 각자는 저마다의 걱정을 가지고 있다.

⇒ (Each / Every) of us has our own worries.

3 이곳의 모든 집들이 작은 정원을 갖고 있다.

⇒ (All / Each) the houses here have a small garden.

⇒ (All / Each) house here has a small garden.

B 우리말과 일치하도록 one, other, another를 이용하여 문장을 완성하시오.

1 그는 두 개의 직업을 갖고 있었다. 하나는 소방관이었고, 다른 하나는 운전사였다.

⇒ He had two jobs. _____ was as a firefighter, and _____ _____ was as a driver.

2 의자 위에 가방이 세 개 있다. 하나는 너의 것이고, 다른 하나는 수진이의 것이고, 나머지 하나는 나의 것이다.

⇒ There are three bags on the chair. _____ is yours, _____ is Sujin's, and _____ _____ is mine.

C 우리말과 일치하도록 주어진 말을 이용하여 영어로 옮기시오.

1 모든 학생은 9시까지 등교해야 한다. (every, go, by)

⇒ _____

2 나는 이 앨범의 모든 노래를 좋아한다. (like, all, on this album)

⇒ _____

3 이 건물에는 두 개의 식당이 있다. 하나는 이태리 식당이고 다른 하나는 중국 식당이다. (Italian, Chinese)

⇒ There are two restaurants in this building. _____

_____

Focus 29 형용사의 역할과 위치

[정답 p. 26]

A 주어진 말을 알맞은 곳에 넣어 문장을 다시 쓰시오.

1 I want some water. (cold) ⇒ _____

2 He told us a story. (sad) ⇒ _____

3 The girl looked tired. (little) ⇒ _____

4 You are holding a box. (big) ⇒ _____

5 She couldn't find anything in this book. (interesting)

　⇒ _____

B 우리말과 일치하도록 주어진 말을 이용하여 문장을 완성하시오.

1 이 선풍기는 너를 시원하게 해 줄 것이다. (keep, cool)

　⇒ This fan will _____ _____ _____.

2 그는 디저트로 달콤한 것을 원한다. (something, sweet)

　⇒ He wants _____ _____ for dessert.

3 Jessica는 친절한 소녀이다. 그녀는 나에게 친절하다. (kind)

　⇒ Jessica is a _____ _____. She is _____ to me.

4 너의 성공은 우리를 기쁘게 했다. (make, delighted)

　⇒ Your success _____ _____ _____.

C 우리말과 일치하도록 주어진 말을 이용하여 영어로 옮기시오.

1 우리는 신나는 무언가를 원한다. (exciting, something)

　⇒ _____

2 Sam은 신나는 게임을 하고 있다. (exciting, game)

　⇒ _____

3 그 큰 모자는 멋져 보인다. (big, cool)

　⇒ _____

32

Focus 30 부사의 역할과 위치

[정답 p. 27]

A 주어진 말을 알맞은 곳에 넣어 문장을 다시 쓰시오.

1 Kelly wears blue jeans. (often) ➡ _____

2 Sally smiles at me. (usually) ➡ _____

3 I am late for the class. (never) ➡ _____

4 You will have breakfast. (always) ➡ _____

5 They will win the game. (easily) ➡ _____

B 밑줄 친 부분을 어법상 알맞은 형태로 고치시오.

1 He was <u>real hungry</u> then. ➡ _____

2 They are playing the game <u>happy</u>. ➡ _____

3 We must work <u>hardly</u>. ➡ _____

4 Sora <u>often was</u> absent from school. ➡ _____

5 Mom drives very <u>careful</u>. ➡ _____

C 우리말과 일치하도록 주어진 말을 이용하여 영어로 옮기시오.

1 Sally는 항상 자신의 미래에 대해 걱정한다. (worry about, future, always)

➡ _____

2 그 도서관은 아침 일찍 열지 않는다. (open, early, morning)

➡ _____

3 우리는 네가 행복하기를 진정으로 바란다. (truly, want, happy)

➡ _____

4 나의 아빠는 자주 늦게 귀가하신다. (often, late, come home)

➡ _____

[정답 p. 27]

A 밑줄 친 부분을 바르게 고치시오.

1 He can run <u>fast</u> than his brother. ➡ _____

2 Today is <u>more hot</u> than yesterday. ➡ _____

3 I like him <u>much</u> than you. ➡ _____

4 She drives <u>carefully</u> than you. ➡ _____

B 우리말과 일치하도록 주어진 말을 이용하여 문장을 완성하시오.

1 작년에 너는 나보다 바빴다. (busy)

➡ Last year, you were _____ than me.

2 이 공원은 저 공원보다 크다. (big)

➡ This park is _____ than that park.

3 그녀는 너보다 영어를 잘한다. (well)

➡ She speaks English _____ than you.

4 Ann은 Sally보다 천천히 걷는다. (slowly)

➡ Ann walks more _____ than Sally.

C 우리말과 일치하도록 주어진 말을 이용하여 영어로 옮기시오.

1 이 셔츠가 저 셔츠보다 더 좋아 보인다. (shirt, look, good)

➡ _____

2 도빈이는 미나보다 늦게 왔다. (Dobin, Mina, come, late)

➡ _____

3 서울은 부산보다 춥다. (cold, Seoul, Busan)

➡ _____

4 나의 엄마는 나보다 일찍 일어나신다. (early, get up)

➡ _____

 **Focus 32** 최상급

A 밑줄 친 부분을 바르게 고치시오.

1 Today was the <u>hot</u> day of the year. ➡ _____

2 Jaeha is the <u>nice</u> person among us. ➡ _____

3 She came the <u>early</u> of all. ➡ _____

4 This is the <u>worse</u> choice in my life. ➡ _____

B 우리말과 일치하도록 주어진 말을 이용하여 문장을 완성하시오.

1 Ryan은 우리 학교에서 가장 유명한 학생이다. (famous)

➡ Ryan is _____ _____ _____ student in our school.

2 10월이 가장 바쁜 달이다. (busy)

➡ October is _____ _____ month.

3 Justin은 나의 가족 중에서 가장 키가 크다. (tall)

➡ Justin is _____ _____ in my family.

C 우리말과 일치하도록 주어진 말을 이용하여 영어로 옮기시오.

1 K2는 세계에서 가장 험한 산이다. (tough, mountain)

➡ _____

2 그 감독은 2016년에 최고의 영화를 만들었다. (good, movie)

➡ _____

3 우리 나라에서 가장 부유한 사람은 누구니? (rich, person)

➡ _____

4 이것은 한국에서 가장 오래된 탑이다. (old, tower, in Korea)

➡ _____

Focus **33** 목적어 역할을 하는 to부정사

A 밑줄 친 부분을 어법상 바르게 고치시오.

1 I want <u>to is</u> a doctor.　➡ _____

2 We hope <u>to succeeds</u>.　➡ _____

3 She needed <u>to had</u> dinner.　➡ _____

4 He plans <u>to went</u> abroad.　➡ _____

B 우리말과 일치하도록 주어진 말을 이용하여 문장을 완성하시오.

1 우리는 너를 다시 보기를 희망한다. (see)

➡ We hope _____ _____ you again.

2 그는 일찍 오겠다고 약속했다. (come)

➡ He promised _____ _____ early.

3 나는 스페인어를 배우고 싶다. (learn)

➡ I want _____ _____ Spanish.

4 그들은 교실을 청소하기 시작했다. (clean)

➡ They began _____ _____ their classroom.

C 우리말과 일치하도록 주어진 말을 이용하여 영어로 옮기시오.

1 그들은 다시는 서로 싸우지 않겠다고 약속했다. (promise, not, fight with, each other)

➡ _____

2 우리는 토요일마다 축구 하는 것을 좋아했다. (like, play, on Saturdays)

➡ _____

3 Rick은 이 영화를 보기로 결심했다. (decide, watch)

➡ _____

4 Lisa는 우리 동아리에 가입하기를 원한다. (want, join)

➡ _____

Focus 34 주어와 보어 역할을 하는 to부정사

[정답 p. 27]

A 밑줄 친 부분을 어법상 바르게 고치시오.

1 <u>That</u> is easy to understand the book. ➡ _____

2 My dream is <u>be</u> a firefighter. ➡ _____

3 To work with them <u>were</u> my plan. ➡ _____

B 우리말과 일치하도록 주어진 말을 이용하여 문장을 완성하시오.

1 내 여동생의 바람은 언젠가 바르셀로나를 방문하는 것이다. (visit)

➡ My sister's wish is _____ _____ Barcelona someday.

2 외국어를 배우는 것은 어렵다. (learn)

➡ It's difficult _____ _____ foreign languages.

3 그의 말을 믿지 않는 것이 좋다. (trust, not)

➡ It's good _____ _____ _____ his words.

4 나의 목표는 내일까지 이 일을 끝내는 것이다. (finish)

➡ My goal is _____ _____ this work by tomorrow.

C 우리말과 일치하도록 주어진 말을 이용하여 영어로 옮기시오.

1 늦게 잠자리에 드는 것은 좋지 않다. (it, good, late, go to bed)

➡ _____

2 너와 함께 테니스를 치는 것은 재미있었다. (it, exciting, play, with)

➡ _____

3 너의 꿈은 웹툰 작가가 되는 것이니? (dream, become, web comic writer)

➡ _____

4 나의 계획은 그 새로운 자전거를 위해 돈을 모으는 것이었다.
(plan, save, some, for a new bike)

➡ _____

 **형용사적 용법의 to부정사**

[정답 p. 27]

A 우리말과 일치하도록 알맞은 문장을 고르시오.

1 그는 할 일이 좀 있다.
  ☐ He has some work to do.
  ☐ He has to do some work.

2 너는 쓸 펜이 있니?
  ☐ Do you have a pen to write?
  ☐ Do you have a pen to write with?

3 우리는 토론할 주제를 선택했다.
  ☐ We chose a topic to discuss.
  ☐ We chose to discuss a topic.

4 그들은 살 집을 찾고 있다.
  ☐ The are looking for a house to live
  ☐ They are looking for a house to live in.

B 밑줄 친 부분을 어법상 바르게 고치시오.

1 I need a piece of paper <u>to write</u>. ➡ _____

2 There isn't a chair <u>to sit</u>. ➡ _____

3 Do you have any friends <u>to play for</u>? ➡ _____

4 He wants some food <u>to have with</u> for lunch. ➡ _____

5 I have a question <u>to ask for</u>. ➡ _____

C 우리말과 일치하도록 주어진 말을 이용하여 영어로 옮기시오.

1 우리는 마실 물을 좀 샀다. (buy, some, drink)
  ➡ _____

2 그는 내일 신을 신발 한 켤레가 필요하다. (need, a pair of, wear)
  ➡ _____

3 우리는 끝낼 숙제가 약간 있다. (have, little, homework, finish)
  ➡ _____

Focus 36 부사적 용법의 to부정사

[정답 p. 28]

A 밑줄 친 부분의 우리말 뜻을 쓰시오.

1 We went to the airport <u>to see her off</u>. ⇒ _____

2 Sora was pleased <u>to meet you</u>. ⇒ _____

3 Minha ran <u>not to be late for the class</u>. ⇒ _____

4 They were very sorry <u>to make mistakes</u>. ⇒ _____

B 우리말과 일치하도록 주어진 말을 이용하여 문장을 완성하시오.

1 나는 그와 함께 일하게 되어 매우 기뻤다. (work with)

⇒ I was very glad _____ _____ _____ .

2 수지는 잠을 자기 위해 불을 껐다. (go to bed)

⇒ Suzie turned off the lights _____ _____ _____ .

3 그는 시험을 잘 보기 위해 공부를 열심히 했다. (do well on)

⇒ He studied hard _____ _____ _____
_____ _____ .

4 우리는 너에게서 그 소식을 듣게 되어 슬펐다. (hear the news)

⇒ We were sad _____ _____ _____ _____ from you.

C 우리말과 일치하도록 주어진 말을 이용하여 영어로 옮기시오.

1 나는 이번 여름에 해외여행을 하게 되어 정말 신이 난다. (excited, travel abroad)

⇒ _____

2 한 남자가 너를 도와주기 위해 여기에 왔다. (a man, help)

⇒ _____

3 너의 사고에 관해 들으니 안됐다. (sorry, hear about, accident)

⇒ _____

4 우리는 안경을 사기 위해 그 가게에 들어갔다. (go into, glasses)

⇒ _____

 [정답 p. 28]

A 밑줄 친 부분을 어법상 바르게 고치시오.

1 <u>Drink</u> coffee may be good for you. ➡ _____

2 Swimming <u>need</u> a lot of energy. ➡ _____

3 We enjoyed <u>to watch</u> a movie. ➡ _____

4 Do you like <u>walk</u> in the park? ➡ _____

5 I don't mind <u>close</u> the window. ➡ _____

B 우리말과 일치하도록 주어진 말을 이용하여 문장을 완성하시오.

1 나의 직업은 노인들을 돌보는 것이다. (take care of)

➡ My job is _____ _____ _____ senior citizens.

2 혼자 여행을 하는 것은 재미있는 경험이었다. (travel alone)

➡ _____ _____ was an interesting experience.

3 그 음악가는 길거리에서 기타 치는 것을 계속했다. (play the guitar)

➡ The musician kept _____ _____ _____ on the street.

4 그녀는 저녁 식사를 요리하는 것을 끝냈다. (cook)

➡ She finished _____ dinner.

C 우리말과 일치하도록 주어진 말을 이용하여 영어로 옮기시오. (동명사를 사용할 것)

1 너는 컴퓨터 게임하는 것을 그만두었니? (stop, play)

➡ _____

2 그의 취미는 음악을 듣는 것이다. (hobby, listen to)

➡ _____

3 일찍 자는 것은 좋은 습관이다. (go to bed, good habit)

➡ _____

4 Daniel은 지난달에 자원봉사 일을 시작했다. (begin, do volunteer work)

➡ _____

Focus 38 동명사 vs. to부정사

[정답 p. 28]

A 어법상 틀린 부분을 바르게 고쳐서 문장을 다시 쓰시오.

1 Fred enjoyed to watch the movie.

➡ _____

2 We need going on a diet right now.

➡ _____

3 She never gives up to dream.

➡ _____

4 I hate go to the museum.

➡ _____

B 우리말과 일치하도록 주어진 말을 알맞은 형태로 바꿔 문장을 완성하시오.

1 너는 그 잡지를 읽고 싶니? (read)

➡ Do you want _____ the magazine?

2 그 도시는 새 아파트 짓는 것을 멈추었다. (build)

➡ The city stopped _____ new apartments.

3 우리는 그 축제를 위한 연습을 시작했다. (practice)

➡ We began _____ for the festival.

C 우리말과 일치하도록 주어진 말을 이용하여 영어로 옮기시오.

1 그는 나에게 인사하지 않고 계속해서 말했다. (continue, talk, without, say hello to)

➡ _____

2 나는 오늘 그녀를 만나는 것을 피했다. (avoid, see)

➡ _____

3 그는 그 일을 빨리 끝내기로 결심했다. (decide, finish)

➡ _____

A 다음 문장을 주어진 말로 시작하는 감탄문으로 바꿔 쓰시오.

1 It is a great picture.   ⇒ What _____!

2 His style was cool.   ⇒ How _____!

3 You are so humorous.   ⇒ How _____!

4 She has a cute dog.   ⇒ What _____!

5 They are smart students.   ⇒ What _____!

6 He spoke very quickly   ⇒ How _____!

B 어법상 틀린 부분을 바르게 고쳐서 문장을 다시 쓰시오.

1 How cute girls you are!   ⇒ _____

2 How a wonderful city it was!   ⇒ _____

3 What nice the man is!   ⇒ _____

4 What sweet the cake is!   ⇒ _____

C 우리말과 일치하도록 주어진 말을 이용하여 영어로 옮기시오.

1 이번 여름은 정말 덥구나! (how, hot)

   ⇒ _____

2 그 선수들은 정말 열심히 연습하는 구나! (how, hard, practice)

   ⇒ _____

3 그는 정말 훌륭한 한국인이구나! (what, a great Korean)

   ⇒ _____

4 그것은 정말 말도 안 되는 소문이었구나! (what, unbelievable rumor)

   ⇒ _____

Focus 40 명령문, Let's ~

[정답 p. 28]

A 어법상 <u>틀린</u> 부분을 바르게 고쳐서 문장을 다시 쓰시오.

1 Washes your hands before your meal.

⇒ _____

2 Not speak ill of others.

⇒ _____

3 Is careful on the busy road.

⇒ _____

4 Not let's watch TV today.

⇒ _____

B 우리말과 일치하도록 빈칸에 알맞은 말을 쓰시오.

1 내게 다시는 거짓말을 하지 마라.

⇒ _____ _____ to me again.

2 이번 주말에 우리 집을 청소하자.

⇒ _____ _____ our house this weekend.

3 그 소식에 슬퍼하지 마시오.

⇒ _____ _____ _____ at the news.

C 우리말과 일치하도록 주어진 말을 이용하여 영어로 옮기시오.

1 여기서 소란을 피우지 맙시다. (make a noise)

⇒ _____

2 당신의 ID와 비밀번호를 잊지 마시오.

⇒ _____

3 오후 1시와 4시 사이에는 외출하지 맙시다.

⇒ _____

A 빈칸에 알맞은 부가의문문을 쓰시오.

1 Jenny likes movies, _____ _____?

2 Fred didn't like math, _____ _____?

3 You won't buy the bag, _____ _____?

4 The children are on the ground, _____ _____?

5 You can't speak French, _____ _____?

6 Lisa wasn't in the living room, _____ _____?

7 You were at home then, _____ _____?

B 우리말과 일치하도록 빈칸에 알맞은 말을 쓰시오.

1 민호는 오늘 거기에 갈 거야, 그렇지 않니?

⇒ Minho will go there today, _____ _____?

2 나는 부모님의 조언을 따라야 해, 그렇지 않니?

⇒ I should follow my parents' advice, _____ _____?

3 너는 초등학생이 아니야, 그렇지?

⇒ You are not an elementary school student, _____ _____?

C 우리말과 일치하도록 주어진 말을 이용하여 영어로 옮기시오.

1 Fred와 Lisa는 피아노를 칠 수 없어, 그렇지? (play the piano, can)

⇒ _____

2 너는 청바지를 좋아하지 않아, 그렇지? (like, jeans)

⇒ _____

3 그의 고양이는 언제나 침대 아래에 있어, 그렇지 않니? (always, under)

⇒ _____

4 John은 어제 행복해 보였어, 그렇지 않니? (look, happy)

⇒ _____

Focus 42 간접의문문

[정답 p. 29]

A 두 문장을 한 문장으로 바꿔 쓸 때 빈칸에 알맞은 말을 쓰시오.

1 Do you know? + When will he come?

➡ Do you know when _____ _____ come?

2 Can you tell me? + Where is he?

➡ Can you tell me where _____ _____?

3 I don't know. + Who are you?

➡ I don't know who _____ _____.

B 다음 문장을 주어진 말로 시작하여 다시 쓰시오.

1 What time is it now?

➡ Do you know _____?

2 How did you solve the problem?

➡ Can you tell me _____?

3 Who broke the cup?

➡ I don't know _____.

4 When will the bus arrive?

➡ We don't know _____.

C 우리말과 일치하도록 주어진 말을 이용하여 영어로 옮기시오.

1 나는 네가 그를 왜 좋아하는지 모르겠다. (why, like)

➡ _____

2 내가 무엇을 해야 하는지 말해 줄래? (what, do)

➡ _____

3 너는 그 식당이 어디에 있는지 아니? (where, be)

➡ _____

A 우리말과 일치하도록 접속사를 이용하여 빈칸을 완성하시오.

1 Sam과 나는 축구를 좋아하지만 우리는 축구를 잘하지 못한다.

➡ Sam _____ I like soccer, _____ we can't play soccer well.

2 소라는 음악을 좋아한다, 그래서 그녀는 음악가가 되고 싶어 한다.

➡ Sora likes music, _____ she wants to be a musician.

3 그는 사과나 바나나를 사려고 시장에 갔다.

➡ He went to the market to buy apples _____ bananas.

B 두 문장을 and, but, or, so로 연결하여 한 문장으로 쓰시오.

1 The book was very interesting. I couldn't put it down.

➡ _____

2 Did he go there by bus? Did he go there by subway?

➡ _____

3 The coat was cheap. The quality was not good.

➡ _____

4 The girl looked tired. She looked hungry.

➡ _____

C 우리말과 일치하도록 주어진 말을 이용하여 영어로 옮기시오.

1 Brian은 여동생 한 명과 남동생 두 명이 있다. (have)

➡ _____

2 그 시험은 쉽지 않아서 많은 학생들이 통과하지 못한다. (the test, easy, pass)

➡ _____

3 Mia는 소설을 좋아하지만 그녀의 여동생은 시를 좋아한다. (like, novels, poems)

➡ _____

상관접속사

[정답 p. 29]

A 우리말과 일치하도록 빈칸에 알맞은 말을 쓰시오.

1 Mia와 Suzie는 둘 다 그들의 과학 선생님을 좋아한다.

➡ Both Mia _____ Suzie like their science teacher.

2 당신은 디저트로 케이크나 아이스크림을 선택할 수 있습니다.

➡ You can choose either a cake _____ an ice cream for dessert.

3 그는 선수가 아니라 팀의 코치이다.

➡ He is not a player _____ a coach of a team.

4 그 영화는 무서울 뿐만 아니라 폭력적이었다.

➡ The movie was not only scary _____ _____ violent.

B 우리말과 일치하도록 주어진 말과 접속사를 사용하여 문장을 완성하시오.

1 운전자도 보행자도 심하게 다치지 않았다. (the passenger)

➡ Neither the driver _____ _____ _____ was seriously hurt.

2 나는 토요일뿐만 아니라 일요일에도 시험을 위해 공부해야 했다. (Saturday)

➡ I had to study for the exam on Sunday _____ _____ _____

_____ _____.

3 너는 나를 위해서가 아니라 너 자신을 위해서 그것을 해야 한다. (yourself)

➡ You should do it not for me _____ _____ _____.

C 우리말과 일치하도록 주어진 말을 이용하여 영어로 옮기시오.

1 Tim과 Jack 둘 다 수학을 잘한다. (be good at)

➡ _____

2 그 책은 아이들뿐만 아니라 어른들에게도 인기가 있다. (not only, among)

➡ _____

3 나는 Sally와 만나지도 전화를 하지도 않을 것이다. (will, meet, call)

➡ _____

Focus 45 명사절을 이끄는 접속사 that

A 다음 문장을 접속사 that을 넣어 다시 쓰시오.

1 I know he is right.

➡ _____

2 It is true you are a good player.

➡ _____

3 I'm sure she will succeed in the future.

➡ _____

4 I can't break the bad habit is the problem.

➡ _____

B 두 문장을 접속사 that으로 연결하여 한 문장으로 쓰시오.

1 It is lucky. You met him.

➡ _____

2 I think. Jaeha is very smart.

➡ _____

3 You don't like the work. That is the point.

➡ _____

C 우리말과 일치하도록 주어진 말을 이용하여 영어로 옮기시오.

1 우리는 네가 어떤 노인을 도와드렸다고 들었다. (hear, help, an old lady)

➡ _____

2 나는 네가 그 일을 잘할 것이라고 확신한다. (sure, do, well)

➡ _____

3 그들은 그 행사가 오늘 끝났다는 것을 몰랐다. (event, end)

➡ _____

Focus 46 명사절을 이끄는 접속사 if, whether

[정답 p. 29]

A 두 문장을 한 문장으로 바꿔 쓸 때 빈칸에 알맞은 접속사를 쓰시오.

1 I don't know. Is the game exciting?

➡ I don't know _____ the game is exciting.

2 I wonder. Mina knows my email address.

➡ I wonder _____ Mina knows my email address or not.

3 Is he an American or a Korean? It doesn't matter to me.

➡ _____ he is an American or a Korean doesn't matter to me.

4 I asked him. Was he hungry?

➡ I asked him _____ he was hungry.

B 두 문장을 접속사 if나 whether로 연결하여 한 문장으로 쓰시오.

1 I wonder. Do you like romantic movies?

➡ _____

2 I don't know. Is Gina from England?

➡ _____

3 Ann wants to know. The bank is near the school.

➡ _____

C 우리말과 일치하도록 주어진 말을 이용하여 영어로 옮기시오.

1 우리가 그 파티에 참석할 수 있을지 확실하지 않다. (I, it, sure, join)

➡ _____

2 네가 그 경기를 이길 수 있을지 없을지는 너에게 달려 있다. (whether, depend on)

➡ _____

3 나는 내 모자를 상자 안에 넣었는지 기억나지 않는다. (remember, if, put, or not)

➡ _____

부사절을 이끄는 접속사(시간)

Focus 47

[정답 p. 30]

A 우리말과 일치하도록 알맞은 접속사를 쓰시오.

1 네가 올 때 우리는 시작할 것이다.

➡ _____ you come, we will begin.

2 너는 식사를 하기 전에 손을 씻어야 한다.

➡ You should wash your hands _____ you have meals.

3 운전을 하는 동안 통화하지 마라.

➡ Don't talk on the phone _____ you are driving.

4 그녀는 그를 만난 후에 많이 변했다.

➡ She changed a lot _____ she met him.

B 우리말과 일치하도록 접속사와 주어진 말을 이용하여 문장을 완성하시오.

1 우리는 그 경기를 보는 동안 치킨을 먹었다. (watch)

➡ We ate chicken _____ _____ _____ _____ the game.

2 너는 공연이 시작되기 전에는 도착해야 한다. (begin)

➡ You should arrive _____ _____ _____ _____ .

3 Sam은 비가 그친 후에 외출했다. (stop)

➡ Sam went out _____ _____ _____ _____ .

C 우리말과 일치하도록 주어진 말을 이용하여 영어로 옮기시오.

1 나의 엄마는 주무시기 전에 책을 읽으신다. (read, falls asleep)

➡ _____

2 Greg는 학교에 갈 때 이 길을 지나간다. (pass, this way, go)

➡ _____

3 Henry는 영화를 보는 동안 너의 전화를 받았다. (answer, your call)

➡ _____

50

Focus 48 부사절을 이끄는 접속사 (이유, 조건)

[정답 p. 30]

A 우리말과 일치하도록 알맞은 접속사를 쓰시오.

1 그는 매우 배가 고파서 빨리 먹었다.

➡ He ate quickly _____ he was very hungry.

2 추우면 이 머플러를 목에 두르세요.

➡ _____ you feel cold, put this scarf around your neck.

3 교통체증 때문에 나는 제시간에 도착하지 못했다.

➡ _____ _____ the traffic jam, I didn't arrive on time.

B 우리말과 일치하도록 접속사와 주어진 말을 이용하여 문장을 완성하시오.

1 네가 오면 나는 정말 기쁠 거야. (come)

➡ _____, I will be very happy.

2 색깔 때문에 나는 이 신발이 마음에 든다. (the color)

➡ I like these shoes _____.

3 잠을 충분히 자지 못해서 그는 피곤했다. (have enough sleep)

➡ He was tired _____.

4 내 이메일을 읽으면 내게 전화해 줘. (read)

➡ _____, please call me.

C 우리말과 일치하도록 주어진 말을 이용하여 영어로 옮기시오.

1 나의 여동생은 아파서 밖에 나갈 수 없었다. (go out, sick)

➡ _____

2 네가 나를 도와주면 나는 이 일을 일찍 끝낼 수 있어. (help, finish, early)

➡ _____

3 나쁜 날씨 때문에 공원에 사람들이 거의 없었다. (bad weather, there, few)

➡ _____

A 밑줄 친 부분을 어법상 바르게 고쳐서 문장을 다시 쓰시오.

1 Paul takes a shower <u>at</u> the morning.

➡ _____

2 Ann likes to wear a hat <u>on</u> the winter.

➡ _____

3 My birthday is <u>in</u> June 10th.

➡ _____

4 Brian will study Chinese <u>for</u> the summer vacation.

➡ _____

B 우리말과 일치하도록 빈칸에 알맞은 전치사를 쓰시오.

1 우리는 이 도시에서 한 달 동안 머물 것이다.

➡ We will stay in this city _____ a month.

2 너는 일몰 전에 산에서 내려와야 한다.

➡ You should climb down the mountain _____ the sunset.

3 그는 점심시간에 나를 만나기를 원한다.

➡ He wants to meet me _____ lunchtime.

C 우리말과 일치하도록 주어진 말을 이용하여 영어로 옮기시오.

1 그 축제는 3일 동안 계속된다. (the festival, last)

➡ _____

2 그 교회의 종은 정오에 울린다. (the church bell, ring)

➡ _____

3 너는 주말에 무엇을 하고 싶니? (want, do, during)

➡ _____

[정답 p. 30]

Focus 50 장소, 위치를 나타내는 전치사

A 우리말과 일치하도록 주어진 문장을 다시 쓰시오.

1 The notebook is under the sofa. 그 공책은 소파 아래에 있다.

➡ _____

2 There is a clock at the wall. 벽에 시계가 있다.

➡ _____

3 Let's meet in the school. 학교 앞에서 만나자.

➡ _____

4 This singer is popular at China. 이 가수는 중국에서 인기가 있다.

➡ _____

B 우리말과 일치하도록 빈칸에 알맞은 전치사를 쓰시오.

1 인터넷에서 그 정보를 찾아보자.

➡ Let's search for the information _____ the Internet.

2 우리 학교 옆에는 경찰서가 있다.

➡ There is a police station _____ _____ our school.

3 우리는 버스정류장에서 만나기로 약속했다.

➡ We promised to meet _____ the bus stop.

C 우리말과 일치하도록 주어진 말을 이용하여 영어로 옮기시오.

1 내 방 앞에는 탁자 하나 있다. (there)

➡ _____

2 그 건물은 은행과 서점 사이에 있다. (the building, the bank, the bookstore)

➡ _____

3 나는 그 장난감들을 상자 안에 넣었다. (put, the toys)

➡ _____

Memo

특별훈련
서술형
Writing 1 기본
Workbook